# Semear Juntos

ENSINO RELIGIOSO

**4**

**Organizadora: Edições SM**
Obra coletiva concebida, desenvolvida e produzida por Edições SM.
1ª edição, São Paulo, 2017

*Semear Juntos* – Ensino Religioso – Volume 4
© Ediciones SM
© Edições SM Ltda. – 2017
Todos os direitos reservados

| | |
|---|---|
| **Autoria** | Mar Sánchez Sánchez, Hortensia Muñoz Castellanos |
| **Direção editorial** | M. Esther Nejm |
| **Gerência editorial** | Cláudia Carvalho Neves |
| **Gerência de *design* e produção** | André da Silva Monteiro |
| **Edição executiva** | Mar Sánchez Sánchez, Hortensia Muñoz Castellanos, Ana Luiza Couto |
| | **Assessoria pedagógico-pastoral:** Humberto Herrera |
| | **Edição:** Mariana Albertini, Luciana Abud |
| **Coordenação de controle editorial** | Camila Cunha |
| | **Suporte editorial:** Alzira Bertholim, Fernanda D'Angelo, Fernanda Fortunato, Giselle Marangon, Silvana Siqueira, Talita Vieira |
| **Coordenação de preparação e revisão** | Cláudia Rodrigues do Espírito Santo |
| | **Preparação e Revisão:** Berenice Baeder, Camila Durães Torres, Eliana Vila Nova de Souza, Izilda de Oliveira Pereira, Márcio Medrado, Valéria Cristina Borsanelli |
| **Coordenação de *design*** | Gilciane Munhoz |
| | ***Design*:** Tiago Stéfano |
| **Coordenação de arte** | Carmen Corrales Álvarez, Ulisses Pires |
| | **Edição de arte:** Sonsoles Prada, Ivan Toledo Prado |
| | **Assistência de arte:** Antonia Rivero Moreno |
| **Coordenação de iconografia** | Josiane Laurentino |
| | **Pesquisa iconográfica:** Beatriz Fonseca Micsik |
| | **Tratamento de imagem:** Marcelo Casaro |
| **Capa** | Fernanda Fencz |
| | **Ilustração de capa:** Victor Beuren |
| **Projeto gráfico** | Tiago Stéfano |
| **Ilustrações** | Javier Andrada, Ilustra Cartoon |
| **Fabricação** | Alexander Maeda |
| **Impressão** | Corprint |

Dados Internacionais de Catalogação na Publicação (CIP)
(Câmara Brasileira do Livro, SP, Brasil)

Sánchez Sánchez, Mar
  Semear juntos, volume 4 / Mar Sánchez Sánchez, Hortensia Muñoz Castellanos. – 1. ed. – São Paulo: Edições SM, 2017.

  Suplementado pelo livro do professor
  Bibliografia
  ISBN: 978-85-418-1822-3 (aluno)
  ISBN: 978-85-418-1823-0 (professor)

  1. Ensino religioso (Ensino fundamental)
I. Muñoz Castellanos, Hortensia. II. Título.

17-05435                                          CDD-377.1

Índices para catálogo sistemático:
1. Educação religiosa nas escolas   377.1
2. Ensino religioso nas escolas   377.1
3. Religião: Ensino fundamental   377.1

1ª edição, 2017
2ª impressão, Junho 2019

**Edições SM Ltda.**
Rua Tenente Lycurgo Lopes da Cruz, 55
Água Branca  05036-120  São Paulo  SP  Brasil
Tel. 11 2111-7400
edicoessm@grupo-sm.com
www.edicoessm.com.br

# Apresentação

**Querid@ alun@!**

É com alegria que colocamos em suas mãos este livro, feito para você, com muito carinho e atenção.

Nosso desejo é que as aulas de Ensino Religioso sejam uma porta que se abre para um horizonte com muitas possibilidades de conhecimento, interação e diálogo.

Queremos que você conheça o transcendente que ilumina nosso dia a dia e inspira pessoas a serem melhores umas com as outras.

Esperamos que este livro possa semear em você atitudes de solidariedade, escuta respeitosa, espiritualidade e sensibilidade para o que é bom, belo e justo.

**Boa trilha!**

*Equipe editorial*

# SUMÁRIO

## 1 A MISSÃO DE VIVER .................................................. 8

**Lendo a Bíblia:** A história de Adão e Eva .................................................. 10
**Compreendendo o mundo:** A relação entre Deus e as pessoas: uma ligação de amor e confiança ... 12
**Aprendendo uns com os outros:** A história da criação dos seres humanos em diferentes culturas... 14
**Recordando**.................................................. 15
**Aprendendo mais:** A missão de viver bem.................................................. 16
**Vivendo o que aprendemos:** Viver em harmonia com as pessoas e com a natureza é um
compromisso com Deus.................................................. 18
Respeitar a natureza é um princípio do Bem Viver.................................................. 19

## 2 ESCOLHEMOS CONFIAR .................................................. 20

**Lendo a Bíblia:** Abraão confiou em Deus .................................................. 22
**Compreendendo o mundo:** A confiança é um sentimento fundamental .................................................. 24
**Aprendendo uns com os outros:** A figura de Abraão.................................................. 26
**Recordando**.................................................. 27
**Aprendendo mais:** Sabemos confiar .................................................. 28
**Vivendo o que aprendemos:** Podemos confiar em Deus .................................................. 30
Podemos confiar nas pessoas que nos amam .................................................. 31

## 3 ESCOLHEMOS COMO AGIR .................................................. 32

**Lendo a Bíblia:** Moisés colaborou com Deus.................................................. 34
**Compreendendo o mundo:** Deus nos ensina a agir em favor das pessoas.................................................. 36
**Aprendendo uns com os outros:** A figura de Moisés.................................................. 38
**Recordando**.................................................. 39
**Aprendendo mais:** Transformar o mundo .................................................. 40
**Vivendo o que aprendemos:** O compromisso com Deus e com as pessoas .................................................. 42
Viver a fé por meio de ações.................................................. 43

## 4. DENUNCIAMOS AS INJUSTIÇAS ..... 44

- **Lendo a Bíblia:** O profeta Isaías ..... 46
- **Compreendendo o mundo:** Os mensageiros de Deus ..... 48
- **Aprendendo uns com os outros:** Religiosos denunciam situações de injustiça ..... 50
- **Recordando** ..... 51
- **Aprendendo mais: Lutar contra as injustiças do mundo** ..... 52
- **Vivendo o que aprendemos: Podemos colaborar para diminuir as injustiças** ..... 54
- **Precisamos ter coragem para lutar contra as injustiças** ..... 55

## 5. ESCOLHEMOS FAZER O BEM ..... 56

- **Lendo a Bíblia:** Jesus sempre escolheu fazer o bem ..... 58
- **Compreendendo o mundo:** Seguindo o exemplo de Jesus ..... 60
- **Aprendendo uns com os outros:** Agir em benefício do próximo ..... 62
- **Recordando** ..... 63
- **Aprendendo mais: Guiar-se pelo bem** ..... 64
- **Vivendo o que aprendemos: Agir corretamente é fazer o bem** ..... 66
- **As pessoas se unem para fazer o bem** ..... 67

## 6. ESCOLHEMOS A AMIZADE ..... 68

- **Lendo a Bíblia:** Jesus e os 12 amigos ..... 70
- **Compreendendo o mundo:** A comunidade cristã ..... 72
- **Aprendendo uns com os outros:** O ecumenismo ..... 74
- **Recordando** ..... 75
- **Aprendendo mais: Unidos somos mais fortes** ..... 76
- **Vivendo o que aprendemos: Cultivar o respeito pelas pessoas de todas as religiões** ..... 78
- **Respeitar as religiões é cooperar para o bem** ..... 79

---

- **Atividades complementares** ..... 80
- **Jogo** ..... 86
- **Conheça mais** ..... 88
- **Recortáveis** ..... 89

# CONHEÇA SEU LIVRO

**ABERTURA**
Nesta seção você vai encontrar situações do seu dia a dia sobre as quais vai precisar pensar e dar sua opinião.

**BOXE PARA REFLETIR E CONVERSAR**
Quando estiver aprendendo algo, é importante pensar sobre o novo conhecimento e compartilhá-lo com alguém. Responda perguntas sobre o tema e converse com os colegas.

**LENDO A BÍBLIA**
Nesta seção você vai encontrar os relatos bíblicos ilustrados.

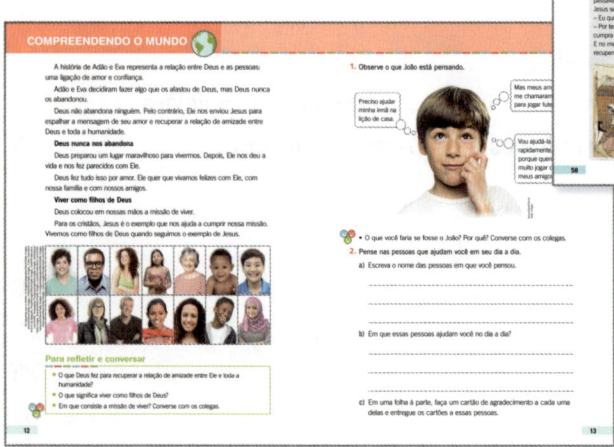

**COMPREENDENDO O MUNDO**
Como os cristãos vivem e compreendem o mundo? É o que você vai ver nesta seção. As imagens retratam o mundo que existe à nossa volta e a importância de Deus em tudo o que existe.

## APRENDENDO UNS COM OS OUTROS

Nem todas as pessoas têm a mesma religião. Mas você já pensou que todas elas têm algo a ensinar? Aqui você vai conhecer o jeito de cada religião tratar diferentes temas.

## RECORDANDO

Está na hora de lembrar tudo o que você aprendeu na unidade, com atividades divertidas.

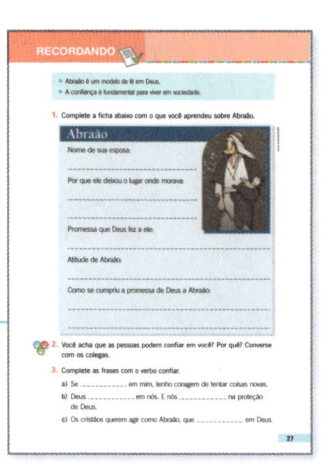

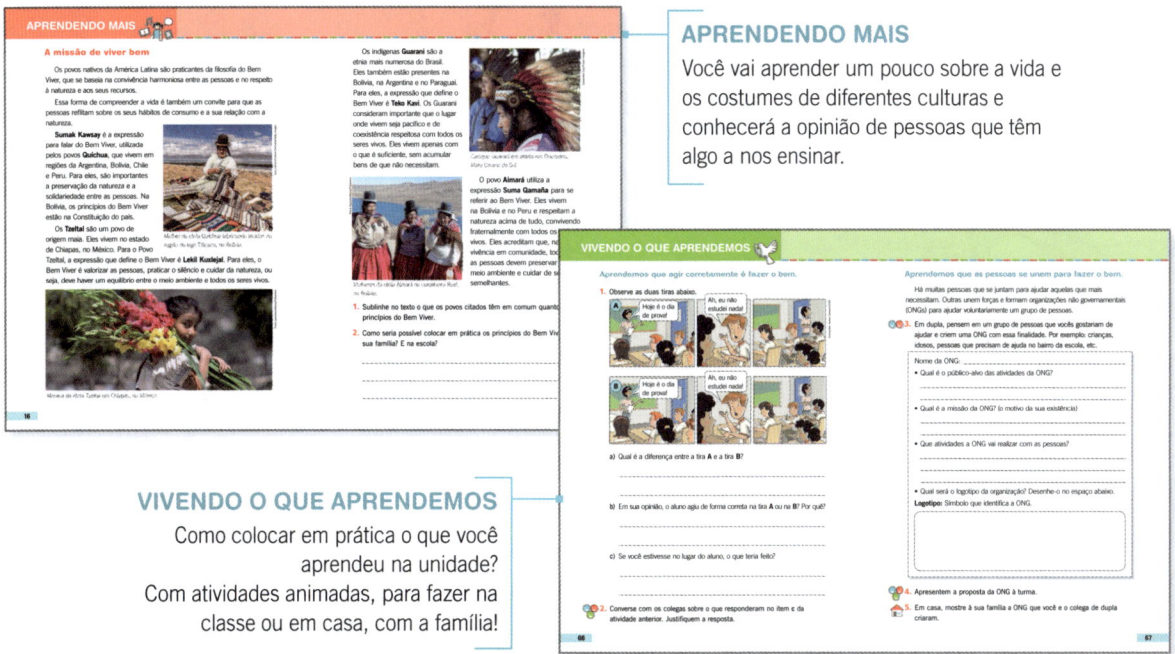

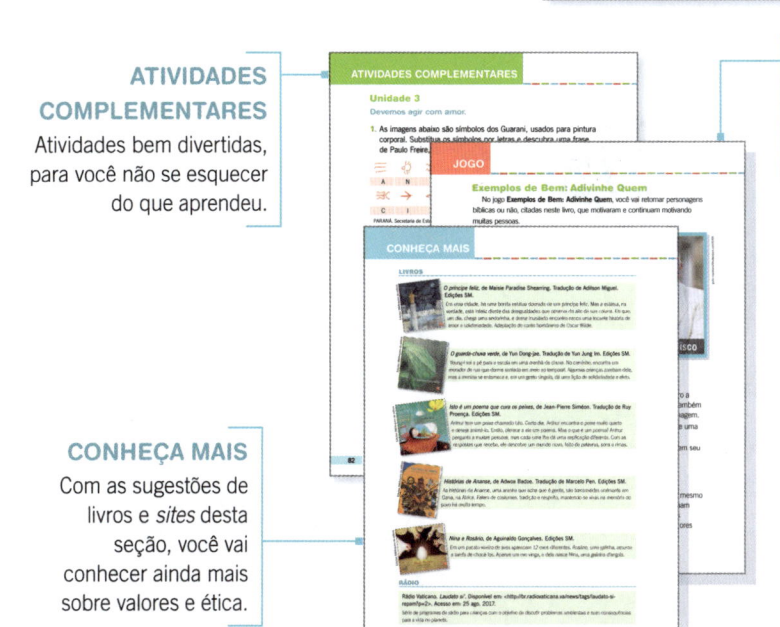

## APRENDENDO MAIS

Você vai aprender um pouco sobre a vida e os costumes de diferentes culturas e conhecerá a opinião de pessoas que têm algo a nos ensinar.

## VIVENDO O QUE APRENDEMOS

Como colocar em prática o que você aprendeu na unidade? Com atividades animadas, para fazer na classe ou em casa, com a família!

## ATIVIDADES COMPLEMENTARES

Atividades bem divertidas, para você não se esquecer do que aprendeu.

## JOGO

O jogo desta seção levará você a praticar os ensinamentos desta coleção.

## CONHEÇA MAIS

Com as sugestões de livros e *sites* desta seção, você vai conhecer ainda mais sobre valores e ética.

### Ícones

Estes ícones indicam se você deve fazer a atividade com um colega, com mais de um colega ou em casa, com sua família.

- Atividade em dupla
- Atividade em grupo
- Atividade com a família

7

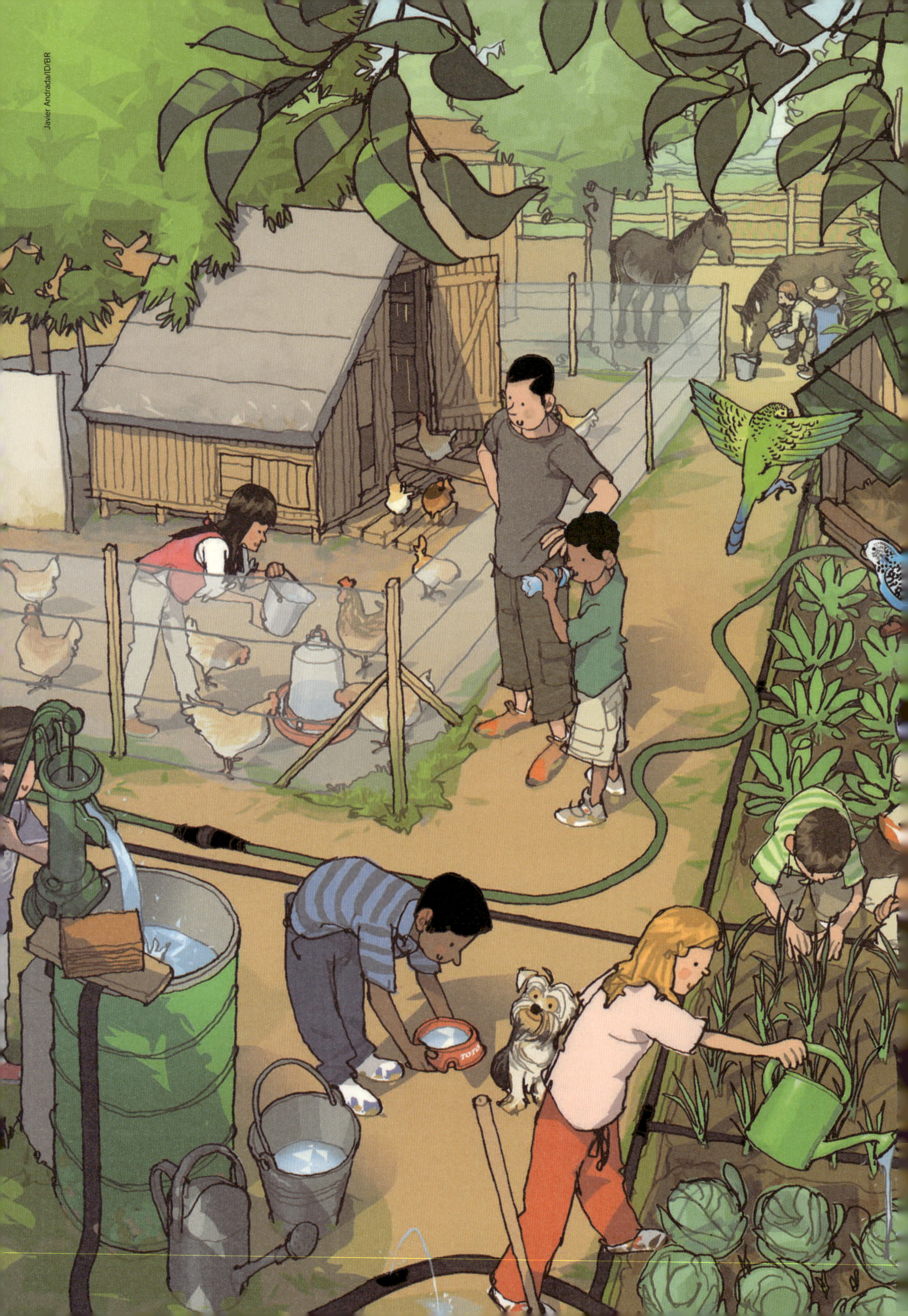

Javier Andrada/ID/BR

# 1 A missão de viver

Compartilhamos a vida com outras pessoas. Em nosso dia a dia, é importante estar atento às nossas escolhas e decisões, pois elas afetam a nossa vida e a vida de outras pessoas.

## Para refletir e conversar

- Que lugar é representado na cena ao lado?
- O que as crianças estão fazendo?
- Todas as tarefas representadas na cena são importantes? O que aconteceria se elas não fossem feitas?

• Nas imagens abaixo, o que as crianças estão fazendo? Você costuma realizar essas tarefas em seu dia a dia? Converse com os colegas.

# LENDO A BÍBLIA

A história de Adão e Eva (*Gênesis* 2 e 3).

**1** Deus criou o homem e o chamou de Adão. Depois, criou a mulher e a chamou de Eva. O homem e a mulher viviam no Éden, um lindo jardim onde havia tudo do que precisavam para viver.

Adão e Eva conversavam com Deus e o amavam.

**2** Deus permitiu que Adão e Eva aproveitassem o jardim e comessem os frutos de todas as árvores, exceto os de uma, chamada de "a árvore do bem e do mal".

**3** Adão e Eva obedeciam a Deus, mas a árvore proibida chamava a atenção deles.

Se comermos esta fruta, seremos tão sábios quanto Deus.

Vamos experimentá-la.

**4** Um dia, Adão e Eva, incentivados por uma serpente, desobedeceram a Deus e comeram o fruto daquela árvore.

**5** Adão e Eva não cumpriram a ordem de Deus. Assim, eles quebraram a amizade que tinham com Deus e tiveram de sair do Éden e aprender a trabalhar para viver.

Segundo a Bíblia, Deus criou Adão e Eva. Eles viviam uma vida pacífica, mas não cumpriram o que Deus ordenou a eles e, por isso, afastaram-se Dele.
No entanto, Deus nunca abandonou as pessoas, porque as ama.

## Para refletir e conversar

- Onde viviam Adão e Eva?
- Como era a relação de Adão e Eva com Deus? Houve alguma mudança nessa relação?

**1.** Complete o trecho abaixo com as palavras do quadro:

| fruto | livres | Adão | jardim | Eva | amavam | felizes |
|---|---|---|---|---|---|---|

   Deus criou _____ e _____.
   Eles _____ a Deus e viviam _____ em um lindo _____.
   Eles eram _____ para fazer o que queriam, só não podiam comer o _____ da árvore do bem e do mal.

**2.** Adão e Eva desobedeceram a ordem de Deus. Qual foi a consequência?

_____

**3.** Em sua opinião, qual teria sido a consequência se Adão e Eva tivessem obedecido a ordem que Deus lhes havia dado? Converse com os colegas.

11

# COMPREENDENDO O MUNDO

A história de Adão e Eva representa a relação entre Deus e as pessoas: uma ligação de amor e confiança.

Adão e Eva decidiram fazer algo que os afastou de Deus, mas Deus nunca os abandonou.

Deus não abandona ninguém. Pelo contrário, Ele nos enviou Jesus para espalhar a mensagem de seu amor e recuperar a relação de amizade entre Deus e toda a humanidade.

### Deus nunca nos abandona

Deus preparou um lugar maravilhoso para vivermos. Depois, Ele nos deu a vida e nos fez parecidos com Ele.

Deus fez tudo isso por amor. Ele quer que vivamos felizes com Ele, com nossa família e com nossos amigos.

### Viver como filhos de Deus

Deus colocou em nossas mãos a missão de viver.

Para os cristãos, Jesus é o exemplo que nos ajuda a cumprir nossa missão. Vivemos como filhos de Deus quando seguimos o exemplo de Jesus.

Da esquerda para a direita: m-imagephotography/iStock/Getty Images, alvarez/iStock/Getty Images, Poike/iStock/Getty Images, Fabio Colombini/Acervo do fotógrafo, PeopleImages/iStock/Getty Images, Gelpi/Shutterstock.com/ID/BR, Suriyapong Thongsawang/Shutterstock/Getty Images, kali9/iStock/Getty Images, Xsandra/iStock/Getty Images, LiuSol/Shutterstock.com/ID/BR, hadynyah/iStock/Getty Images, m-imagephotography/iStock/Getty Images, drbimages/iStock/Getty Images, Ocua Images/Shutterstock.com/ID/BR

## Para refletir e conversar

- O que Deus fez para recuperar a relação de amizade entre Ele e toda a humanidade?
- O que significa viver como filhos de Deus?
- Em que consiste a missão de viver? Converse com os colegas.

**1.** Observe o que João está pensando.

Preciso ajudar minha irmã na lição de casa.

Mas meus amigos me chamaram para jogar futebol.

Vou ajudá-la rapidamente, porque quero muito jogar com meus amigos.

SensorSpot/iStock/ Getty Images

- O que você faria se fosse o João? Por quê? Converse com os colegas.

**2.** Pense nas pessoas que ajudam você em seu dia a dia.

**a)** Escreva o nome das pessoas em que você pensou.

_____

_____

_____

**b)** Em que essas pessoas ajudam você no dia a dia?

_____

_____

_____

**c)** Em uma folha à parte, faça um cartão de agradecimento a cada uma delas e entregue os cartões a essas pessoas.

13

# APRENDENDO UNS COM OS OUTROS

Muitas religiões e culturas têm suas próprias histórias sobre a criação dos seres humanos.

Indígenas que vivem às margens do rio Xingu, na Bacia Amazônica, acreditam que a origem dos seres humanos foi obra de um criador que deu vida a troncos de madeira. As primeiras mulheres teriam surgido desses troncos e, a partir delas, toda a humanidade.

Mulheres indígenas da aldeia Moikarakô, em São Félix do Xingu, Pará.

Os povos de origem maia, que vivem na América Central, acreditam que a humanidade foi criada por dois deuses, Tepeu e Gucumatz, que criaram o ser humano a partir do milho branco e do milho amarelo. Por essa razão, o milho é um alimento sagrado para os povos de origem maia.

Homens de origem maia em Tulum, no México.

Cristãos e judeus acreditam que Deus formou o homem com o pó do solo e soprou em suas narinas o sopro da vida. Então, de uma costela do homem, Deus criou a mulher.

Cristãos e judeus acreditam que Deus formou o homem com o pó do solo.

- Sublinhe os elementos utilizados na criação do ser humano, de acordo com cada uma das tradições.

14

# RECORDANDO

- Somos livres para escolher como agir.
- Deus nunca nos abandonou. Ele nos enviou Jesus, que é o exemplo de vida para os cristãos.

**1.** Leia o texto abaixo, que narra uma tarde na vida de Laura. Depois, converse com os colegas.

Em uma terça-feira chuvosa, Laura chegou da escola e viu que havia uma caixa de presente em cima de sua cama. Ela abriu a caixa rapidamente e ficou muito feliz em ver que sua tia Carina havia lhe enviado uma bola de futebol.

Laura olhou pela janela, e ainda estava chovendo. Mesmo assim, pediu à mãe para ir jogar futebol no quintal, mas ela não deixou. Então, Laura resolveu treinar chutes a gol dentro de casa, no corredor.

A mãe de Laura a repreendeu e pediu a ela que não brincasse com a bola dentro de casa. A menina, contrariada, quis brincar mais um pouco e acabou chutando a bola em um lustre da sala. O lustre quebrou e Laura levou uma bronca e ficou muito chateada.

**a)** Vocês já passaram por uma situação parecida com a de Laura?

**b)** Laura desobedeceu às ordens da mãe. Ela poderia ter agido de forma diferente? Qual teria sido a consequência?

**2.** Em casa, procure em jornais ou revistas uma notícia que mostre uma situação em que uma pessoa ajude outra. Leve-a para a sala de aula e conte aos colegas o que a notícia informa.

# APRENDENDO MAIS

## A missão de viver bem

Os povos nativos da América Latina são praticantes da filosofia do Bem Viver, que se baseia na convivência harmoniosa entre as pessoas e no respeito à natureza e aos seus recursos.

Essa forma de compreender a vida é também um convite para que as pessoas reflitam sobre os seus hábitos de consumo e a sua relação com a natureza.

**Sumak Kawsay** é a expressão para falar do Bem Viver, utilizada pelos povos **Quíchua**, que vivem em regiões da Argentina, Bolívia, Chile e Peru. Para eles, são importantes a preservação da natureza e a solidariedade entre as pessoas. Na Bolívia, os princípios do Bem Viver estão na Constituição do país.

Os **Tzeltal** são um povo de origem maia. Eles vivem no estado de Chiapas, no México. Para o Povo Tzeltal, a expressão que define o Bem Viver é **Lekil Kuxlejal**. Para eles, o Bem Viver é valorizar as pessoas, praticar o silêncio e cuidar da natureza, ou seja, deve haver um equilíbrio entre o meio ambiente e todos os seres vivos.

Mulher da etnia Quíchua fabricando tecidos na região do lago Titicaca, na Bolívia.

Menina da etnia Tzeltal em Chiapas, no México.

Os indígenas **Guarani** são a etnia mais numerosa do Brasil. Eles também estão presentes na Bolívia, na Argentina e no Paraguai. Para eles, a expressão que define o Bem Viver é **Teko Kavi**. Os Guarani consideram importante que o lugar onde vivem seja pacífico e de coexistência respeitosa com todos os seres vivos. Eles vivem apenas com o que é suficiente, sem acumular bens de que não necessitam.

Cacique Guarani em aldeia em Dourados, Mato Grosso do Sul.

O povo **Aimará** utiliza a expressão **Suma Qamaña** para se referir ao Bem Viver. Eles vivem na Bolívia e no Peru e respeitam a natureza acima de tudo, convivendo fraternalmente com todos os seres vivos. Eles acreditam que, na vivência em comunidade, todas as pessoas devem preservar o meio ambiente e cuidar de seus semelhantes.

Mulheres da etnia Aimará na cordilheira Real, na Bolívia.

**1.** Sublinhe no texto o que os povos citados têm em comum quanto aos princípios do Bem Viver.

**2.** Como seria possível colocar em prática os princípios do Bem Viver em sua família? E na escola?

_____

_____

_____

# VIVENDO O QUE APRENDEMOS

**Aprendemos que viver em harmonia com as pessoas e com a natureza é um compromisso com Deus.**

Você conhece a palavra **agroecologia**?

A agroecologia é um conhecimento que reúne os saberes dos povos originários e dos agricultores familiares de um determinado lugar sobre a agricultura ecológica. Toda a produção de alimento é realizada com base no respeito à natureza.

**1.** Observe algumas características de uma horta agroecológica.

- Valoriza a cultura das pessoas e da região.
- Cultiva diversas espécies vegetais.
- Não utiliza agrotóxicos.
- Usa fertilizantes naturais.

a) Em casa, com sua família, pesquise verduras, frutas ou legumes nativos da região onde você mora.

b) Com base na pesquisa, quais verduras, frutas ou legumes nativos você gostaria de cultivar em sua horta? Desenhe-os abaixo.

**2.** Agora, pesquise com sua família sobre as crianças e os adolescentes que são Guardiões Mirins de Sementes Nativas ou Crioulas. Escreva no caderno o que mais gostou de saber sobre eles.

**3.** Em classe, compartilhe com os colegas o que você aprendeu nas atividades 1 e 2.

**Aprendemos que respeitar a natureza é um princípio do Bem Viver.**

**4.** Pessoas do mundo inteiro expressam o respeito à natureza, à Mãe Terra, por meio da arte. Observe um exemplo:

*As alegres jandaias*, óleo sobre tela de Mara D. Toledo.

- Se você tivesse de expressar respeito e admiração à Mãe Terra, com uma pintura ou um desenho, como seria sua produção artística? Utilize papel sulfite ou cartolina e depois exponha o seu trabalho no mural da classe.

**5.** Escreva a primeira letra da palavra de cada imagem para descobrir como muitos povos indígenas da América Latina chamam a Mãe Terra.

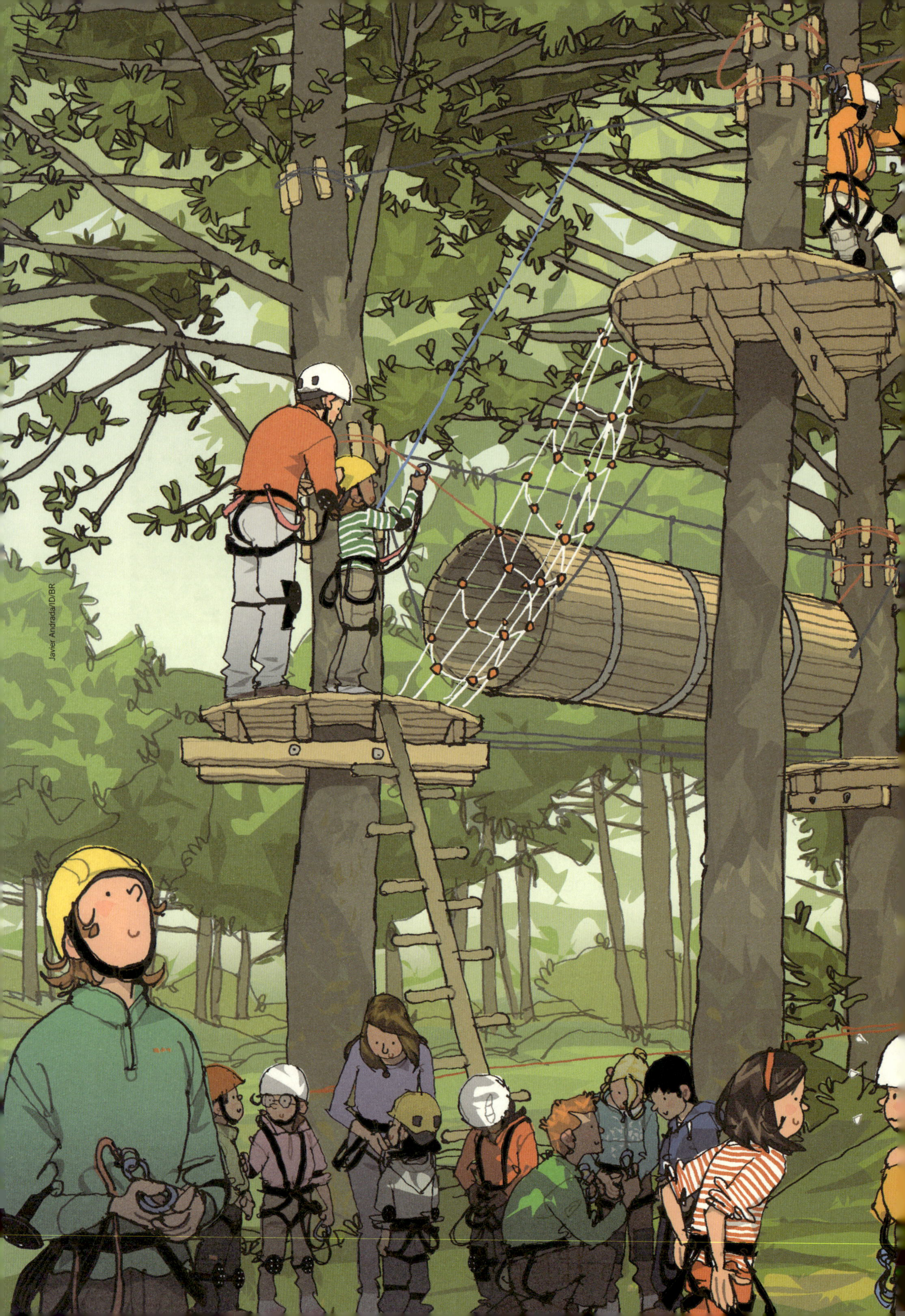

# 2 Escolhemos confiar

Em nosso dia a dia, convivemos com muitas pessoas e precisamos confiar nelas. Elas também precisam confiar em nós.

## Para refletir e conversar

- Observe a cena ao lado. Onde as crianças estão? O que elas estão fazendo?
- Você acha que elas estão se sentindo seguras? Por quê?
- Que tipos de equipamento as crianças estão usando para se sentirem protegidas?

- Agora, observe as fotografias desta página. Converse com os colegas.

    a) Quem está acompanhando as crianças?

    b) Você imagina que as crianças estão tranquilas e felizes? Por quê?

# LENDO A BÍBLIA

Abraão confiou em Deus (*Gênesis* 12 a 21).

**1** Abraão era um pastor de ovelhas. Certo dia, ele estava no campo e ouviu a voz de Deus dizendo:
– Deixe sua terra e vá para a terra que Eu mostrar a você. Lá farei de você pai de uma grande nação.

**2** Abraão pensou que isso seria impossível, porque ele e sua esposa não tinham filhos. Mesmo assim, Abraão confiou em Deus, deixou sua terra e foi para onde Deus mandou, um lugar chamado Canaã.

**3** Abraão era casado com Sara havia muitos anos. O tempo passava, mas eles não conseguiam ter um filho.

**4** Em outro dia, Abraão ouviu novamente a voz de Deus:
– Olhe para o céu e conte as estrelas. Assim será a sua descendência.

**5** Abraão continuou a confiar em Deus e acreditava na promessa Dele. Então, certo dia, apesar de ter uma idade avançada, Sara descobriu que estava grávida.

**6** Sara deu à luz. Abraão e Sara chamaram o bebê de Isaque.
Ele cresceu e se casou, e também teve filhos. Os filhos dos filhos de Isaque também tiveram filhos e assim foi de geração a geração. Então foi cumprida a promessa de Deus a Abraão, e ele se tornou pai de um povo numeroso.

A história de Abraão é narrada na Bíblia, no livro de Gênesis. Abraão é um exemplo de confiança em Deus e, por isso, ele é considerado o pai de todos aqueles que acreditam e confiam em Deus.

## Para refletir e conversar

- O que Deus pediu a Abraão?
- O que Deus prometeu a ele?
- Abraão teve alguma dúvida de que Deus cumpriria o que prometeu?
- Por que Abraão é considerado o pai de todos aqueles que acreditam e confiam em Deus?

**1.** Em que pessoas você confia em seu dia a dia? Por quê?

_____

_____

**2.** Conte aos colegas o que você respondeu na atividade anterior. Ouça também o que eles responderam. As respostas foram parecidas?

# COMPREENDENDO O MUNDO

A confiança é um sentimento fundamental em nossa existência. Por meio dela fazemos amigos e convivemos em paz com as pessoas. A confiança nos permite construir um mundo feliz e seguro ao nosso redor.

## Confiar em Deus

A história de Abraão nos ensina que podemos confiar em Deus porque Ele cumpre suas promessas. Com Abraão, começa a história de amizade entre Deus e a humanidade.

O que Deus fez e continua fazendo pela humanidade é prova de seu amor por nós.

Nossa vida é repleta de momentos nos quais Deus nos defende e nos protege. Deus nos ama e sempre está ao nosso lado.

## Confiar uns nos outros

Deus também confia nas pessoas, o que é motivo de alegria, mas também de responsabilidade para nós. A confiança de Deus nos faz crescer como pessoas e nos encoraja a agir como amigos.

Os amigos confiam uns nos outros. Você não pode ser amigo de alguém em quem não confia.

A vida em sociedade seria impossível se não confiássemos uns nos outros.

## Para refletir e conversar

- Em dupla, respondam: Por que podemos confiar em Deus?
- Por que a confiança é necessária para que as pessoas possam viver juntas?

**1.** Observe as imagens e responda às perguntas.

**a)** O que as imagens desta página têm em comum?

_____

**b)** Escreva ao lado do número correspondente às imagens de que maneira as crianças representadas demonstram confiança em quem está junto com elas.

① _____

② _____

③ _____

④ _____

**2.** Em uma folha à parte, pense nas pessoas nas quais você confia e escreva um pequeno texto citando os motivos que justificam sua confiança. Use alguns dos seguintes verbos: **cuidar**, **ajudar**, **amar**, **ouvir**.

25

# APRENDENDO UNS COM OS OUTROS

Abraão é uma personagem muito importante para cristãos, judeus e muçulmanos. Essas três religiões consideram Abraão um exemplo de fé e confiança em Deus.

Para os **judeus**, Abraão é considerado o primeiro judeu, o primeiro patriarca do povo de Israel. Deus prometeu três coisas a ele: uma terra, descendentes em número tão grande "como as estrelas do céu" e uma amizade pessoal com ele. Abraão teve um filho, Isaque, do qual descendem todos os judeus.

Os **muçulmanos** chamam Abraão de Ibrahim e o consideram um modelo de dedicação a Alá e de confiança nele. De acordo com os muçulmanos, Alá prometeu a Ibrahim numerosos descendentes e deu a ele um filho chamado Ismael, do qual descendem todos os árabes.

Os **cristãos** consideram Abraão um modelo de fé e confiança em Deus. Abraão não duvidou da promessa de Deus e por isso é também conhecido como "amigo de Deus" e "pai da fé". Por meio de seu filho Isaque, Deus cumpriu o que prometeu a Abraão: ele teve uma numerosa descendência. Jesus é descendente de Abraão.

Abraão representado em vitral da Igreja da Santa Fé, em Worcestershire, Inglaterra.

**1.** Sublinhe no texto o que Abraão representa para o judaísmo, o islamismo e o cristianismo.

**2.** Em dupla, conversem e expliquem com suas palavras por que Abraão é tão importante para as três religiões.

# RECORDANDO

- Abraão é um modelo de fé em Deus.
- A confiança é fundamental para viver em sociedade.

**1.** Complete a ficha abaixo com o que você aprendeu sobre Abraão.

## Abraão

Nome de sua esposa:

_____

Por que ele deixou o lugar onde morava:

_____

_____

Promessa que Deus fez a ele:

_____

_____

Atitude de Abraão:

_____

_____

Como se cumpriu a promessa de Deus a Abraão:

_____

_____

**2.** Você acha que as pessoas podem confiar em você? Por quê? Converse com os colegas.

**3.** Complete as frases com o verbo confiar.

a) Se _____ em mim, tenho coragem de tentar coisas novas.

b) Deus _____ em nós. E nós _____ na proteção de Deus.

c) Os cristãos querem agir como Abraão, que _____ em Deus.

27

# APRENDENDO MAIS

## Sabemos confiar

Ter fé em Deus e confiar nas pessoas que nos amam traz tranquilidade e segurança ao nosso cotidiano. Também é importante confiar em nós mesmos para viver com alegria.

A cada novo dia, podemos confiar em Deus e nos sentir seguros.

### O Sol nasce todos os dias

Você já havia parado para pensar que todos os dias o Sol nasce e aquece a Terra?

A cada novo dia, sabemos que o Sol vai nascer e se pôr, tornando possível a vida na Terra. Essa segurança nos faz acordar tranquilos, cheios de otimismo e dispostos a iniciar um novo dia.

O sol nasce e se põe todos os dias.

### Estamos vivos

Nosso coração bate dia e noite. O ar entra em nossos pulmões ao respirarmos. Nosso estômago digere o alimento que comemos. Todas essas tarefas, e muitas outras, são realizadas por nosso corpo sem que percebamos.

E então, pela dádiva da vida, as pessoas podem estudar, brincar, trabalhar e aproveitar a natureza e o convívio com a família e os amigos.

Porque estamos vivos podemos brincar e aproveitar a natureza.

## O lugar onde vivemos

Todos os dias, você faz muitas coisas de modo quase automático: toma o café da manhã, veste-se para sair de casa, reconhece as ruas do trajeto de casa até a escola, reconhece e cumprimenta as pessoas que vê, volta para casa após a escola, estuda, brinca, etc.

O mundo à nossa volta é parte de nosso cotidiano, e conhecer o que nos cerca e saber como agir em várias situações do dia a dia contribui para que sejamos pessoas seguras e confiantes.

Conhecer a rotina nos traz segurança no dia a dia.

## As pessoas que nos querem bem

Com a família e os amigos aprendemos o que é confiança e nos sentimos mais seguros. Em família, descobrimos que somos amados, e isso certamente nos faz crescer de modo feliz e seguro.

Ter amigos faz bem. É bom perceber que eles confiam em nós e poder confiar neles também. A amizade nos traz bem-estar e felicidade.

Confiar na família e nos amigos nos traz bem-estar.

**1.** Sublinhe no texto as ideias que você considera mais interessantes.

**2.** Em uma folha à parte, escreva um pequeno texto sobre a importância da confiança.

# VIVENDO O QUE APRENDEMOS

## Aprendemos que podemos confiar em Deus.

As pessoas religiosas expressam confiança em Deus por meio de símbolos, gestos e palavras.

Você sabia que algumas pessoas católicas usam um objeto chamado **escapulário** como símbolo de proteção? Ele é usado como um colar e é feito tradicionalmente de pano, mas também pode ser confeccionado em outros materiais, como metal, madeira e acrílico.

O uso do escapulário, para os católicos, simboliza um ato de devoção a Jesus, à Virgem Maria ou a um santo.

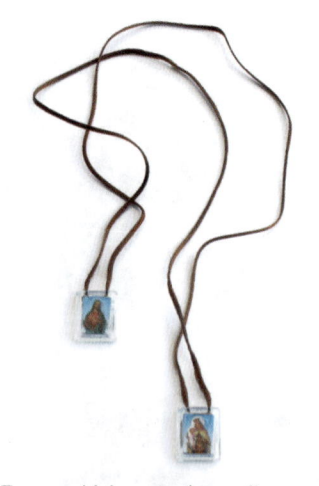

Escapulário em devoção ao Sagrado Coração de Jesus e à Nossa Senhora do Carmo.

**1.** Crie seu próprio escapulário.

- Desenhe duas pessoas na companhia das quais você se sente protegido.

**2.** Conte aos colegas quem são as pessoas que você desenhou e por que você se sente protegido na presença delas.

**Aprendemos que podemos confiar nas pessoas que nos amam.**

As pessoas religiosas costumam orar e pedir a bênção de Deus para si mesmas e para seus familiares, para suas casas, seus locais de trabalho, animais e pertences. Também pedem a bênção de Deus em viagens, antes das refeições e antes de dormir.

Família agradecendo a Deus pela refeição.

**3.** Em sua casa, você e seus familiares oram juntos pedindo alguma bênção? Conte aos colegas.

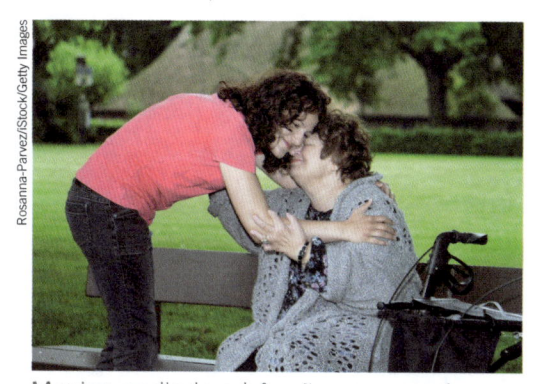

Menina pedindo a bênção para a avó.

Antigamente, era muito comum, nas famílias brasileiras, que os jovens pedissem a bênção aos mais velhos, principalmente ao chegar em casa ou ao sair, ou antes de dormir. Algumas famílias ainda mantêm essa tradição nos dias de hoje.

**4.** Na sua família, os mais jovens pedem a bênção para os mais velhos? Caso você não conheça esse costume, pergunte sobre ele aos seus familiares.

**a)** Registre abaixo o que você descobriu na conversa com sua família.

_____
_____
_____
_____

**b)** Na classe, compartilhe com os colegas o que você conversou em casa e ouça o relato deles também.

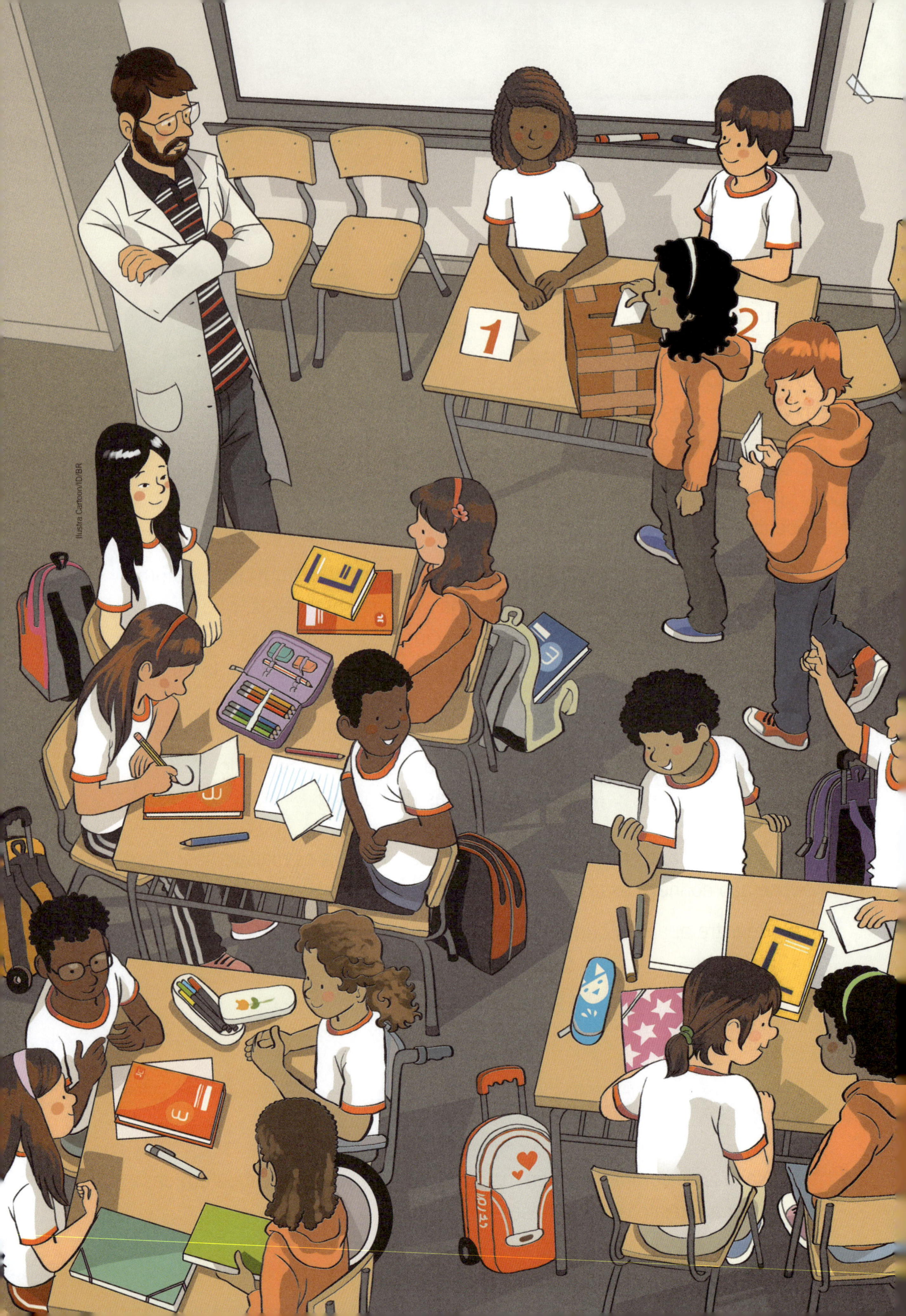


Ilustra Cartoon/ID/BR

# 3 Escolhemos como agir

Há muitas pessoas ao nosso redor dispostas a ajudar os outros. Elas escolhem agir em benefício de todos.

## Para refletir e conversar

- Onde as crianças da cena ao lado estão?
- O que as crianças que estão em pé estão fazendo?
- Em sua opinião, o que as crianças na mesa com os números 1 e 2 decidiram fazer? Você acredita que isso é importante para todos ou só para alguns? Por quê?

**1** Em dupla, observem as imagens abaixo e conversem sobre o que está acontecendo em cada uma delas.

- Em sua opinião, as crianças estão agindo em benefício próprio ou em benefício de outras pessoas?

**2** Você já se ofereceu para ajudar alguém? Conte aos colegas.

## LENDO A BÍBLIA

Moisés colaborou com Deus (*Êxodo*).

**1** Os israelitas, o povo de Deus, foram para o Egito após um período de seca em sua terra. Com o passar dos anos, esse povo se tornou cada vez mais numeroso e o faraó começou a temê-lo. Então, o faraó ordenou que o povo de Deus trabalhasse muito, fazendo os trabalhos mais pesados.

**2** Moisés era um jovem do povo de Deus e vivia no deserto cuidando de suas ovelhas. Um dia, Moisés sentiu a presença de Deus e ouviu sua voz.

> Moisés, Eu vi o sofrimento do meu povo no Egito, ouvi seus lamentos e vou libertá-lo. Então, Eu envio você ao faraó para que tire meu povo do Egito.

**3** Moisés fez o que Deus lhe pediu. Foi para o Egito e lutou para que o faraó deixasse o povo de Deus sair de lá.

**4** Então, o povo de Deus foi liberto e seguiu pelo deserto rumo à terra prometida. Deus estava com eles e os alimentava e protegia.

34

**5** Certo dia, durante a caminhada pelo deserto, o povo de Deus, guiado por Moisés, chegou ao monte Sinai. Lá, Deus fez um pacto com eles. Ele disse:

> Vocês serão o meu povo e eu serei o Deus de vocês.

**6** Então, Deus entregou a Moisés as tábuas com os Dez Mandamentos. O povo de Deus se comprometeu a segui-los.

Ao longo da história do povo de Deus, houve muitos momentos difíceis, como o período de escravidão no Egito. Entretanto, a Bíblia narra, no livro de *Êxodo*, como Deus salvou seu povo da escravidão e o protegeu sempre.

## Para refletir e conversar

- Por que o faraó passou a temer o povo de Deus?
- Que tipo de trabalho o faraó obrigou o povo de Deus a fazer?
- O que Deus fez para salvar seu povo?
- Como Deus ajudou o seu povo no deserto?

- Numere as frases na ordem em que os eventos aconteceram.

    ☐ Deus fez um pacto com o seu povo.

    ☐ O povo se comprometeu a seguir os mandamentos de Deus.

    ☐ O povo de Deus foi para o Egito.

    ☐ Deus libertou o seu povo da escravidão no Egito.

    ☐ O povo de Deus foi obrigado pelo faraó a fazer os trabalhos mais pesados.

# COMPREENDENDO O MUNDO

Deus age em favor das pessoas. No passado, Deus convidou Moisés para colaborar e libertar seu povo da escravidão. Mais tarde, Deus enviou Jesus para salvar toda a humanidade.

### Um Deus que age

O relato narrado em *Êxodo* nos mostra que Deus nos ouve e nunca nos deixa sozinhos. Ele não quer o sofrimento nem a dor das pessoas.

Deus age em nossas vidas assim como fez com o povo de Israel. Em nosso dia a dia, Deus está conosco e age por meio das pessoas que nos amam. Elas nos guiam e nos protegem.

Podemos confiar em quem nos ama.

### Pessoas que agem

Há muitas pessoas que sofrem por causa do egoísmo, da violência, da tristeza, da solidão e da pobreza. Para que essas pessoas possam sentir que Deus está com elas, é necessária a nossa participação.

Os cristãos têm em Moisés e, sobretudo, em Jesus, exemplos de pessoas que agiram para que outras fossem beneficiadas.

Sentimos que Deus está conosco no dia a dia.

### Para refletir e conversar

- O que o livro de *Êxodo* nos ensina sobre Deus?
- Deus nos acompanha em nosso dia a dia?
- Como podemos ajudar as pessoas a sentir que Deus está com elas? Converse com os colegas.

**1.** Observe as cenas e descreva o que está acontecendo em cada uma delas.

a)

_____

_____

b)

_____

_____

**2.** Em dupla, conversem sobre as cenas da atividade anterior.

a) Como vocês acham que se sentem as pessoas que estão sendo ajudadas? E como se sentem as pessoas que estão ajudando o próximo?

b) Pinte os quadros com as palavras que nos ajudam a colaborar com Deus na construção de um mundo mais justo.

| amar | disputar | sorrir | ajudar | acumular |

| proteger | compartilhar | guiar |

# APRENDENDO UNS COM OS OUTROS

Moisés é uma das personagens mais famosas da Bíblia. Ele foi importante para libertar o povo de Deus da escravidão. A sua importância na história é reconhecida por judeus, muçulmanos e cristãos.

Os **judeus** o chamam de Moshé e o consideram, junto com Abraão, fundador do judaísmo. Moshé recebeu de Deus os Dez Mandamentos e ensinou o povo judeu a cumprir todos os preceitos da lei durante sua estadia no deserto.

Os **muçulmanos** o chamam de Musa e o consideram um profeta, um mensageiro. A vida de Musa é narrada no livro sagrado dos muçulmanos, o Alcorão.

Vitral representando Moisés e as tábuas dos Dez Mandamentos na Igreja Unida de Cristo, em Pittsburgh, Pensilvânia, nos Estados Unidos da América.

Para os **cristãos**, Moisés libertou os judeus da escravidão do faraó do Egito e recebeu de Deus as tábuas dos Dez Mandamentos. É uma das personagens mais importantes do Antigo Testamento, citada também no Novo Testamento.

**1.** Depois de ler o texto sobre Moisés nas diferentes tradições religiosas, sublinhe o nome que ele recebe em cada uma delas.

**2.** Releia o relato bíblico das páginas 34 e 35 e identifique a cena que se relaciona com a imagem desta página.

# RECORDANDO

- Moisés e Jesus colaboraram com Deus.
- Quando cuidamos uns dos outros, colaboramos com Deus.

**1.** O relato encontrado em *Êxodo* nos revela algo muito importante sobre Deus. Complete as frases com as palavras abaixo.

| Moisés | acompanha | felizes | exemplos |

- Deus nos ouve e sempre nos _____.
- Deus quer que vivamos _____. Ele não quer sofrimento nem dor.
- _____ e Jesus são _____ de pessoas que agiram para que outras pessoas fossem beneficiadas.

**2.** Localize no diagrama dez palavras que mostram atitudes que beneficiam as outras pessoas.

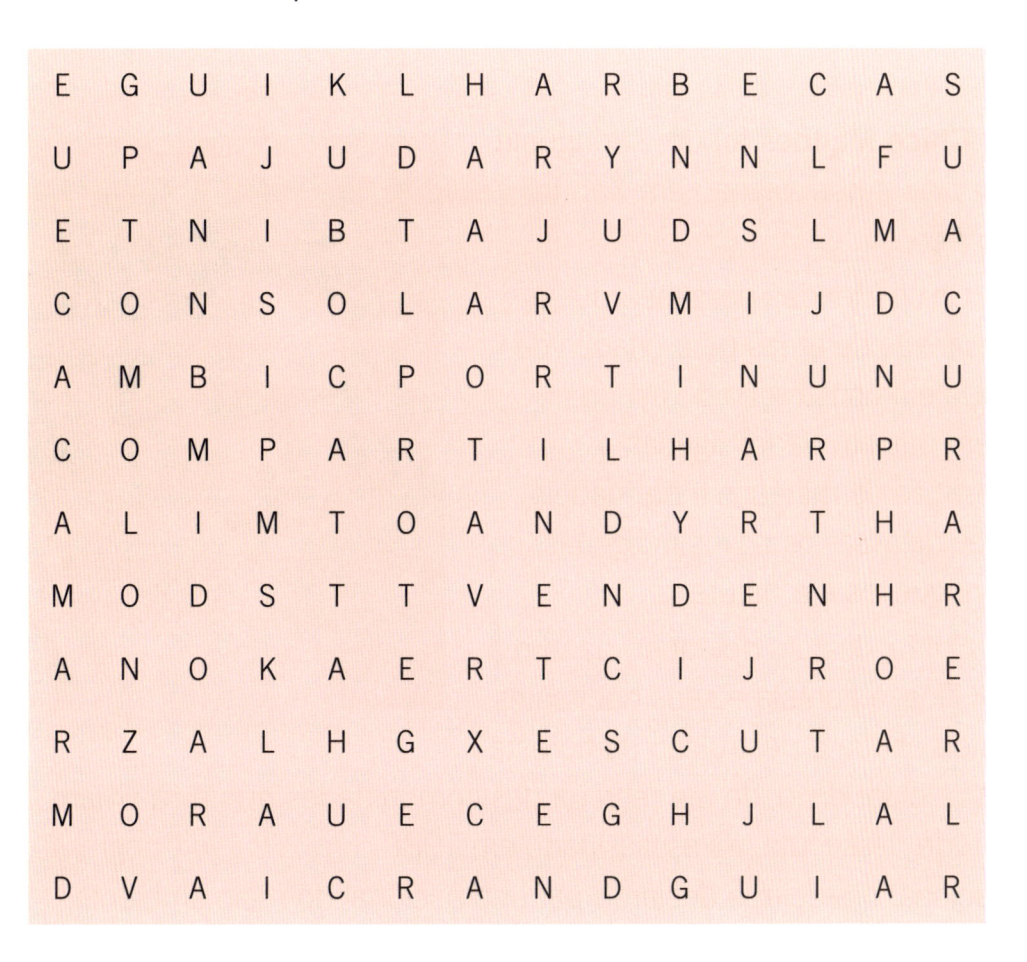

| E | G | U | I | K | L | H | A | R | B | E | C | A | S |
|---|---|---|---|---|---|---|---|---|---|---|---|---|---|
| U | P | A | J | U | D | A | R | Y | N | N | L | F | U |
| E | T | N | I | B | T | A | J | U | D | S | L | M | A |
| C | O | N | S | O | L | A | R | V | M | I | J | D | C |
| A | M | B | I | C | P | O | R | T | I | N | U | N | U |
| C | O | M | P | A | R | T | I | L | H | A | R | P | R |
| A | L | I | M | T | O | A | N | D | Y | R | T | H | A |
| M | O | D | S | T | T | V | E | N | D | E | N | H | R |
| A | N | O | K | A | E | R | T | C | I | J | R | O | E |
| R | Z | A | L | H | G | X | E | S | C | U | T | A | R |
| M | O | R | A | U | E | C | E | G | H | J | L | A | L |
| D | V | A | I | C | R | A | N | D | G | U | I | A | R |

39

# APRENDENDO MAIS

Muitas pessoas agem para transformar o mundo em um lugar melhor.

**Wangari Maathai** foi uma professora e bióloga queniana.

Nos anos 1970, ela criou o **Movimento Cinturão Verde**, para proteger as florestas africanas do desmatamento e gerar empregos para as mulheres do Quênia. Dessa forma, essas mulheres trabalhavam no plantio de sementes, mas também recebiam capacitação para cuidar da natureza e preservar os recursos ambientais. Graças a essa iniciativa, milhares de mulheres conseguiram emprego e mais de 50 milhões de árvores foram plantadas no Quênia.

Wangari Maathai recebeu o Prêmio Nobel da Paz em 2004, por sua luta para a conservação das florestas.

**Chico Mendes** foi um seringueiro brasileiro, que nasceu em Xapuri, no Acre.

Chico Mendes percebeu que a expansão de áreas para criação de gado e a construção de estradas, além das atividades ligadas à extração de minérios e de madeira, prejudicavam os povos indígenas, os seringueiros e a natureza.

Então, decidiu defender, de forma pacífica, a floresta e seus habitantes. Lutou contra a destruição da floresta e sua biodiversidade e a retirada das comunidades que nela viviam. Em virtude dessa luta, foi assassinado em 1988. Em 2013, o Congresso Nacional brasileiro o declarou patrono nacional do meio ambiente.

Chico Mendes, em foto de 1988.

**Alejandro Aravena** é um arquiteto chileno. Em 2003, para ajudar famílias que viviam de forma precária em uma região da cidade de Iquique, no Chile, Alejandro criou um projeto de moradia chamado "Quinta Monroy".

O projeto consistia na construção de casas simples e seguras que pudessem ser ampliadas de acordo com as necessidades de cada família. Para isso, ele conversou com os futuros moradores e envolveu as famílias na criação de seus próprios lares.

Alejandro Aravena, arquiteto chileno.

Em 2016, Alejandro Aravena recebeu o Prêmio Pritzker, a principal honraria da arquitetura internacional.

**Miguel Nicolelis** é um médico brasileiro reconhecido internacionalmente por suas pesquisas na área de neurologia. O doutor Miguel é responsável, atualmente, pelo projeto *Andar de Novo*, que tem como objetivo devolver os movimentos a pessoas com algum tipo de paralisia, por meio da construção de um exoesqueleto que promove o movimento e é controlado pela mente do paciente. Graças às pesquisas do doutor Miguel e de sua equipe, milhões de pessoas com paralisia podem ter esperança de se movimentar novamente no futuro.

Miguel Nicolelis e o exoesqueleto desenvolvido por ele e sua equipe.

**1.** Sublinhe o que mais chamou sua atenção no texto dessa seção.

**2.** Como as pessoas retratadas resolveram agir para ajudar outras pessoas? Converse com os colegas.

**3.** Escolha uma das pessoas retratadas nesta seção e pesquise sobre ela. No caderno, amplie a biografia dela com outras informações.

# VIVENDO O QUE APRENDEMOS

**Aprendemos a nos comprometer com Deus e com as pessoas.**

**1.** Escreva um compromisso que você deseja assumir com sua **família** e com a **natureza**. Aponte como pretende realizar esse compromisso.

### Eu me comprometo com...

... a minha família a...

Para isso...

### Eu me comprometo com...

... a natureza a...

Para isso...

**2.** Em casa, mostre a seus familiares os compromissos que você deseja firmar com a família e com a natureza. Depois, converse com eles e escreva...

a) ... mais um compromisso em relação à família:

b) ... mais um compromisso em relação à natureza:

**Aprendemos a viver nossa fé por meio de ações.**

**3.** Agora, escreva um compromisso que você deseja assumir com os colegas de turma.

**Eu me comprometo com...**

... os colegas de turma a...

Para isso...

**4.** Conte para os colegas de classe o compromisso que você deseja firmar com eles. Ouça com atenção os compromissos que eles também querem firmar.

- Escolham juntos os 10 compromissos de que mais gostaram e criem um cartaz para expor na sala.

1. Respeitar todas as pessoas da escola.

2. Ajudar uns aos outros.

Pessoal, estamos fazendo muito barulho!

# 4) Denunciamos as injustiças

Muitas pessoas são exemplos de como podemos contribuir para que o mundo seja um lugar melhor. Às vezes, ainda que saibamos o que temos de fazer, parece que esquecemos – mas por sorte sempre há alguém que nos ajuda a lembrar como agir da melhor maneira.

## Para refletir e conversar

- Observe a cena ao lado. O que está acontecendo?
- Como os alunos estão se comportando?
- Você acha importante o que a menina está dizendo? Por quê?

**1** Agora, observe as imagens abaixo.

- Todas as crianças estão agindo da mesma forma? Por quê?

# LENDO A BÍBLIA

O profeta Isaías.

**1** Mesmo conhecendo tantos milagres, por muitas vezes o povo de Deus se esqueceu de seguir os seus mandamentos. Então, Deus enviou mensageiros, os **profetas**, que lembraram as pessoas da importância de confiar em Deus e não se esquecer de seus mandamentos e promessas. Isaías foi um desses profetas.

> O que Deus quer é que vocês compartilhem seu pão com o faminto, deem roupas a quem não as tem e que não se desentendam com seus semelhantes.

**2** Isaías queria que as pessoas se lembrassem de confiar em Deus e de seguir os mandamentos.

> Escutem a voz de Deus! Sigam os mandamentos Dele!

> Deus não se cansa. Ele nos dá força e alegria. Ele sempre nos escuta e nos ajuda.

**3** Deus prometeu enviar um salvador para proteger as pessoas e trazer ao mundo o amor e a paz. Isaías avisou a todos.

> O Senhor mesmo dará um sinal a vocês: uma jovem dará à luz um filho, e todos saberão que Deus está com ele.

O povo havia se esquecido de Deus e de sua aliança com Ele, e também de seguir os mandamentos Dele. O profeta Isaías lembrou as pessoas da fé e também denunciou as injustiças que elas cometiam umas contra as outras. Ele também anunciou a todos a chegada do salvador.

## Para refletir e conversar

- Qual é a missão dos profetas?
- Do que Isaías lembrou o povo de Deus?
- O que Isaías denunciava?
- De que promessa Isaías avisou as pessoas?

● Releia os balões de fala das cenas: Qual deles você achou mais importante? Por quê?

_____

_____

_____

# COMPREENDENDO O MUNDO

Em nosso dia a dia, muitas pessoas nos alertam para as coisas que fazemos de forma errada.

### Os profetas são mensageiros de Deus

Os mensageiros de Deus nos ajudam de muitas formas:

- Eles nos incentivam a estar atentos para ajudar as pessoas.
- Eles nos convidam a confiar em Deus e seguir os mandamentos.
- Eles nos orientam a fazer o bem.
- Eles nos falam de Jesus, que foi enviado por Deus para salvar a humanidade.

### Ser mensageiros de Deus

Nós também podemos ser mensageiros de Deus. Para isso, devemos colaborar para construir um mundo melhor. Como fazer isso?

- Ajudando o próximo.
- Fazendo companhia para quem está só.
- Consolando aqueles que têm problemas.
- Dialogando respeitosamente com as pessoas.
- Compartilhando com os outros o que temos.
- Contando o que sabemos sobre Jesus.

Consolar as pessoas que estão tristes contribui para transformar o mundo em um lugar melhor.

## Para refletir e conversar

- O que os profetas ensinam às pessoas?
- Como podemos ajudar a construir um mundo que agrade a Deus?
- Na sua opinião, é fácil ser profeta? Converse com os colegas.

**1.** Descreva o que está acontecendo em cada uma das imagens abaixo.

**2.** Você acha que as pessoas das imagens estão colaborando para construir um mundo que agrada a Deus? Por quê?

49

# APRENDENDO UNS COM OS OUTROS

Muitos líderes religiosos ao redor do mundo denunciam situações de injustiça que impedem que pessoas possam viver com dignidade.

**Desmond Tutu** nasceu na África do Sul, em 1931. Ele é um sacerdote da igreja Anglicana e foi o primeiro arcebispo negro da Cidade do Cabo, uma das capitais da África do Sul.

O sacerdote dedicou sua vida à defesa dos direitos humanos. Em suas mensagens, denunciou e combateu o racismo.

Desmond Tutu.

**Dalai Lama** é o título que se dá ao líder espiritual e religioso do povo tibetano e de milhões de budistas em todo o mundo. **Tenzin Gyatzo** é o 14º Dalai Lama. Ele incentiva as pessoas a viver em paz e harmonia umas com as outras. Em 1989, ele recebeu o Prêmio Nobel da Paz.

Tenzin Gyatzo, o Dalai Lama.

O **Papa Francisco** é o líder religioso dos católicos, mas suas opiniões são respeitadas por pessoas de diferentes religiões. Ele escreveu uma carta muito importante, chamada *Laudato si'*, na qual denuncia os maus-tratos ao planeta Terra.

Papa Francisco.

**1.** Você acha que o mundo precisa de pessoas como os líderes religiosos apresentados nesta página?

**2.** Você conhece outros líderes religiosos que agem para tornar o mundo um lugar melhor? Converse com os colegas.

# RECORDANDO

- As pessoas podem ser mensageiras de Deus e denunciar as injustiças que há a sua volta.
- Podemos colaborar com Deus para construir um mundo melhor.

**1.** Complete as frases com as palavras do quadro.

| convidam | denunciam | falam | defendem | lembram |
|---|---|---|---|---|

a) Os profetas _____ as injustiças do mundo e _____ os que sofrem.

b) Os profetas _____ as pessoas a fazer o bem, a confiar em Deus e a seguir os mandamentos.

c) Os profetas _____ de Jesus.

d) Os profetas nos _____ de estar sempre atentos para ajudar a quem precisa.

**2.** De que forma você acha que pode contribuir para tornar a sua sala de aula um lugar melhor?

_____
_____
_____
_____
_____
_____

- Converse com os colegas sobre suas ideias e ouça as deles também. Depois, pensem em ações concretas que podem ser colocadas em prática para alcançar os objetivos.

# APRENDENDO MAIS

## Lutar contra as injustiças do mundo

Várias entidades nacionais e internacionais denunciam as injustiças contra o meio ambiente e contra as pessoas.

### O acesso à água

A água é fundamental para a vida. O ser humano precisa beber água potável para se manter vivo. Infelizmente, há muitas pessoas ao redor do mundo que não têm acesso à água limpa.

A **Organização Mundial da Saúde** (OMS) desenvolve programas para ajudar pessoas do mundo inteiro a ter acesso diário à água potável para matar a sede e cozinhar.

Muitas regiões do planeta sofrem com a seca e a falta de água potável. Na foto, lago seco em Cachoeira do Arari, no Pará.

### Os direitos humanos

Muitas pessoas são perseguidas ou discriminadas por suas crenças religiosas e políticas ou por sua nacionalidade. Entretanto, há organizações que trabalham combatendo essas atitudes. Um exemplo delas é a **Anistia Internacional**, uma associação muito atuante e presente em vários países.

Membros da Anistia Internacional na Polônia demonstram apoio aos refugiados sírios que chegam ao país.

## A fome

A fome é um dos maiores problemas humanitários dos dias atuais. Em vários países, muitas pessoas sofrem, adoecem e chegam até a morrer de fome. Por outro lado, em outros países há uma quantidade enorme de comida desperdiçada todos os dias.

O Programa Mundial de Alimentos (PMA), ligado à **Organização das Nações Unidas para a Alimentação e a Agricultura** (FAO), trabalha para garantir que pessoas de todo o mundo tenham acesso à alimentação.

Mulheres carregam caixas de alimentos, no Sudão do Sul, distribuídas pelo Programa Mundial de Alimentos (PMA).

## As mudanças no clima

A exploração exagerada dos recursos naturais pelo ser humano prejudica o planeta.

A ação humana tem provocado, entre outras consequências, aumento da temperatura do planeta, o que causa, por exemplo, degelo nas áreas polares, elevando o nível dos mares. Como consequência, povoados são inundados, o cultivo de alimentos é prejudicado e várias espécies de animais e plantas desaparecem.

Em 2016, durante o **Acordo de Paris**, mais de 170 líderes mundiais se comprometeram a lutar para conter o aquecimento global.

Geleira derretendo na Antártica, em razão do aumento da temperatura no planeta.

- Você acha que pode colaborar para que essas injustiças diminuam? Em uma folha à parte, escreva três ações que você pode adotar para ajudar a reduzir essas desigualdades.

# VIVENDO O QUE APRENDEMOS

**Aprendemos que podemos colaborar para diminuir as injustiças.**

Muitas vezes, presenciamos alguns comportamentos na escola que não são muito legais. Outras vezes, sem perceber, somos nós que não nos comportamos da melhor maneira.

Você sabe o que é **bullying**? O termo, que vem do inglês *bully*, que significa "valentão", é usado para definir as situações em que um ou mais alunos agridem, verbal ou fisicamente, várias e várias vezes, um ou mais colegas.

**1.** Descreva, nas linhas abaixo, uma situação de *bullying*.

_____
_____
_____
_____

**2.** Troque de livro com um colega e leia a situação descrita por ele. Depois, conversem sobre o que vocês descreveram. O que vocês fariam se estivessem na situação que narraram?

**3.** Agora, com toda a classe reunida, promovam uma campanha na escola para prevenir atitudes que caracterizem *bullying*.
Façam cartazes com frases e ilustrações e espalhem esse material pela classe e pelos corredores da escola, para conscientizar todos os colegas a lutar contra essa prática.

## Aprendemos que precisamos ter coragem para lutar contra as injustiças.

Você já sabe que a água é um patrimônio de todos, entretanto, pessoas no mundo todo sofrem pela falta de água. Você sabia que a energia elétrica também é um bem de todos?

A melhor maneira de evitar o desperdício é começar cuidando de como nós tratamos a água e a luz de nossas casas. Muitas vezes, deixamos a torneira aberta ao escovar os dentes, acendemos as lâmpadas da sala e do quarto e não desligamos depois que saímos do ambiente...

Para tratar desse assunto tão importante, vamos fazer um debate? Para você, gastar muita água ou muita luz é uma questão de injustiça?

**4.** Dividam-se em dois grupos.

- Um dos grupos vai defender a ideia de que a água e a luz desperdiçadas em casa não têm impacto negativo sobre a população em geral e a natureza, não representando, portanto, uma injustiça contra quem precisa desses bens e não os possui.

- O segundo grupo precisará defender a ideia de que a água e a luz desperdiçadas em casa têm impacto negativo sobre a população em geral e a natureza, representando, portanto, uma injustiça contra quem precisa desses bens e não os possui.

- Prepare-se para o debate, fazendo uma pesquisa em casa para trazer argumentos a favor da ideia que você vai defender.

- O professor será o mediador e determinará as regras do debate, para garantir que todos tenham a sua vez de falar.

Javier Andrada/ID/BR e Ilustra Cartoon/ID/BR

# 5 Escolhemos fazer o bem

Há pessoas que se preocupam em melhorar a vida de seus semelhantes. Elas estão atentas ao que se passa a sua volta e contribuem para que o mundo seja melhor.

## Para refletir e conversar

- Que lugar está representado na cena ao lado?
- O que as pessoas representadas estão fazendo?
- Há alguém na cena atento ao que acontece com as outras pessoas?

**1** Em dupla, observem as imagens desta página e respondam:

- Como as pessoas estão ajudando umas às outras?

**2** Como vocês acham que seria o mundo se as pessoas só cuidassem de si mesmas, sem se preocupar com os outros?

# LENDO A BÍBLIA

Jesus sempre escolheu fazer o bem.

**1** **Jesus ensina as pessoas.**
Jesus andava pela Galileia com seus discípulos e anunciava o Reino de Deus. Ele curava os enfermos e acolhia aqueles que eram desprezados.

Bem-aventurados os pobres, porque o Reino de Deus é deles. E bem-aventurados os que estão tristes, os que passam fome e sede, porque Deus cuidará deles.

**2** **Jesus cura as pessoas.**
Certo dia, Jesus estava saindo da cidade de Jericó e sentado no caminho estava Bartimeu, um homem cego.
Bartimeu, ao saber que Jesus passava por ali, gritou por Ele. Jesus se aproximou e Bartimeu disse:
– Eu quero enxergar!
– Por ter confiado em mim, que se cumpra o seu desejo – disse Jesus.
E no mesmo instante, Bartimeu recuperou a visão.

**3** **Jesus acolhe as pessoas.**
Certo dia, em uma cidade chamada Tiro, uma mulher lançou-se aos pés de Jesus.
A mulher pediu a Ele que ajudasse sua filha, que estava muito atormentada.
Essa mulher não pertencia ao povo de Deus, mas Jesus a acolheu com respeito e amor e curou a filha dela.

Ilustrações: Javier Andrada/ID/BR

**4** **Jesus perdoa as pessoas.**

Zaqueu trabalhava como arrecadador de impostos. Certo dia, ele soube que Jesus estava na cidade e foi ao encontro Dele para se confessar. Uma multidão seguia Jesus, e Zaqueu resolveu subir em uma árvore para avistá-lo. Jesus viu o esforço de Zaqueu para encontrá-lo e pediu que descesse da árvore.

Então, Zaqueu confessou a Jesus que já havia enganado algumas pessoas, mas estava arrependido e prometeu que devolveria o dinheiro às pessoas que prejudicou.

Jesus perdoou os pecados de Zaqueu.

Jesus dedicou sua vida a fazer o bem aos outros: estava atento aos problemas das pessoas, curava seus males e enfermidades e perdoava seus pecados. Ele estava sempre pronto a acolher e ensinar a todos.

## Para refletir e conversar

- Como você acha que as pessoas se sentiam depois de se encontrar com Jesus? Conte aos colegas.

- Complete a tabela com as informações dos relatos bíblicos. Veja um exemplo.

| Personagem | Problema | Atitude de Jesus |
|---|---|---|
| Bartimeu | Não conseguia enxergar. | Jesus curou Bartimeu. |
|  | A filha dela estava atormentada. |  |
|  | Prejudicou algumas pessoas. |  |

# COMPREENDENDO O MUNDO

As pessoas são livres para escolher como agir nas situações do dia a dia. Para os cristãos, Jesus é o modelo a ser seguido.

## Jesus nos ensina a fazer o bem

Se imitarmos as atitudes de Jesus Cristo e nos relacionarmos com as pessoas como Ele se relacionava, estaremos escolhendo fazer o bem, como Ele fazia.

Quando nos concentramos em Jesus para decidir como agir diante das situações do cotidiano, permitimos que Deus guie a nossa vida.

Valorizar as pessoas é imitar Jesus.

## Todos podem fazer o bem

Muitas pessoas oferecem ajuda e acolhimento aos necessitados. Essas pessoas querem um mundo melhor, onde todos se sintam respeitados, assistidos e aceitos.

Valorizar as pessoas que nos rodeiam, recepcionar as pessoas com um sorriso, perdoar, ajudar, compartilhar o que temos e consolar os que estão sozinhos ou tristes são pequenas ações que podem melhorar o mundo.

A lavanderia do Papa Francisco é um serviço oferecido pela Igreja Católica em Roma, na Itália, para que pessoas sem teto possam lavar gratuitamente suas roupas.

## A comunidade cristã

Aqueles que creem em Jesus Cristo devem acolher o próximo.

A Igreja Católica está aberta a todas as pessoas, especialmente àquelas que necessitam de ajuda.

## Para refletir e conversar

- Como você pode se espelhar em Jesus em seu dia a dia?
- A Igreja Católica acolhe apenas os cristãos?

**1.** Descreva o que está acontecendo em cada uma das imagens abaixo.

A

_____
_____
_____
_____
_____

B

_____
_____
_____
_____
_____

- Você agiria de forma diferente em alguma das imagens? Converse com os colegas.

**2.** Ligue a pergunta às frases que representam como você quer se relacionar com as pessoas a sua volta.

**Como você quer tratar as pessoas?**

De acordo com o meu humor.

Como elas me tratarem.

Da forma que eu gostaria que elas me tratassem.

Como Jesus nos ensinou a tratar as pessoas.

# APRENDENDO UNS COM OS OUTROS

Algumas pessoas, movidas por suas crenças e por sua fé, criaram organizações com o objetivo de ajudar outras pessoas.

José María Vélaz foi um padre chileno que acreditava na educação como forma de ajudar as pessoas, principalmente as menos favorecidas. Com base nessa ideia, ele criou a fundação **Fé e Alegria**. No Brasil, a fundação começou, em 1981, com uma pequena creche em Mauá, São Paulo. Hoje atende mais de 13 mil pessoas, proporcionando educação a crianças, jovens e adultos em situação de vulnerabilidade social. No mundo, atende 1,5 milhão de pessoas em mais de vinte países.

Crianças brincando na quadra da Fundação Fé e Alegria, em Mauá, São Paulo.

A **Risho Kossei-Kai** é uma entidade budista fundada no Japão, em 1938, por Nikkyo Niwano e Myoko Naganuma. Seus integrantes realizam várias ações em favor do próximo. Uma das ações mais conhecidas é o **Movimento doe uma refeição**. Os participantes renunciam a uma refeição nos dias 1º e 15 de cada mês e doam o valor dessas refeições a um fundo pela paz. Todo ano, com o dinheiro arrecadado, são apoiados projetos contra a fome e a pobreza em vários lugares do mundo.

Integrantes da Risho Kossei-Kai do Brasil doando alimentos no município de São Paulo.

**1.** O que essas duas organizações têm em comum?

**2.** Você gostaria de ser voluntário de alguma dessas organizações? Por quê? Conte aos colegas.

# RECORDANDO

- As pessoas precisam umas das outras e ajudam umas às outras.
- Jesus fazia o bem aos outros. Ele é um exemplo para os cristãos.

**1.** Como Jesus agia em relação às pessoas? Escreva abaixo.

_____

_____

_____

_____

**2.** Pinte de verde os quadros que indicam que uma pessoa escolheu fazer o bem, como Jesus. Pinte de vermelho os que indicam o contrário.

| Tentar ajudar quem tem problemas. | Esperar se tornar adulto para fazer o bem. |
|---|---|
| Buscar somente a própria felicidade. | Amar a Deus e às pessoas. |

**3.** Pense em três problemas da humanidade. Escreva a solução que você considera possível se todos escolhessem fazer o bem. Complete a tabela.

| Problema | Solução |
|---|---|
|  |  |
|  |  |
|  |  |

# APRENDENDO MAIS

## Guiar-se pelo bem

Muitas pessoas dedicam seu tempo e esforço para tentar diminuir as injustiças do mundo.

Os **missionários** e as **missionárias marianistas** estão espalhados por muitos países. Eles vivem nas comunidades às quais ajudam, levando a mensagem de Jesus e dedicando-se a melhorar a vida das pessoas.

Na Índia, os marianistas atuam na cidade de Ranchi, onde desde 2009 apoiam a criação de um centro de saúde em uma zona rural, para atender crianças e adultos que vivem no campo. O centro atende, hoje, 28 povoados e mais de 900 crianças.

Os missionários marianistas atuam no cuidado com a saúde de crianças na cidade de Ranchi, na Índia.

No Brasil, os marianistas atuam em obras missionárias, ajudando a melhorar a vida de pessoas marginalizadas pela sociedade.

Em 2005, na cidade de Guarulhos, em São Paulo, uma menina de 6 anos, chamada Beatriz, ficou muito triste ao ver crianças pedindo balas em frente ao semáforo de uma avenida. Nesse mesmo ano, ela convenceu seus pais, familiares e vizinhos a se juntarem para doar roupas e brinquedos para crianças de sua cidade.

Com o passar dos anos, mais pessoas queriam ajudar, e assim foi criada uma organização chamada **Olhar de Bia**, que já distribuiu mais de 23 mil roupas e brinquedos para crianças carentes de todo o país.

Página inicial do *site* da ONG Olhar de Bia, que já auxiliou milhares de crianças no Brasil.

**Paulo Freire** (1921-1997) foi um educador e filósofo pernambucano. Ele lutou para que todos tivessem direito e acesso à educação básica. Paulo Freire defendia que a educação deveria valorizar as experiências e a realidade dos alunos, principalmente nas salas de alfabetização de adultos.

Por seu trabalho na área da educação, foi premiado no Brasil e no exterior e é considerado Patrono da Educação Brasileira.

Paulo Freire, educador brasileiro, em foto de 1994.

**Pedro Alonso** é um cientista espanhol que dedica sua vida a investigar a malária, uma das doenças que mais matam entre os mais pobres. A doença é transmitida pela picada de um mosquito. Todos os anos, mais de 500 mil pessoas, principalmente crianças, morrem em decorrência da malária.

Pedro Alonso demonstrou que algo simples e barato, como um mosquiteiro impregnado de inseticida, pode salvar muitas vidas. Além disso, o cientista segue investigando, com sua equipe, para encontrar a vacina definitiva contra a malária.

Pedro Alonso, cientista espanhol.

**1.** Sublinhe no texto o que cada pessoa decidiu fazer para ajudar o próximo.

**2.** Em sua opinião, essas pessoas melhoraram o mundo em que vivemos? Por quê? Conte aos colegas.

# VIVENDO O QUE APRENDEMOS

**Aprendemos que agir corretamente é fazer o bem.**

**1.** Observe as duas tiras abaixo.

**A** — Hoje é dia de prova! / Ah, eu não estudei nada!

**B** — Hoje é dia de prova! / Ah, eu não estudei nada!

a) Qual é a diferença entre a tira **A** e a tira **B**?

_____

_____

b) Em sua opinião, o aluno agiu de forma correta na tira **A** ou na **B**? Por quê?

_____

_____

c) Se você estivesse no lugar do aluno, o que teria feito?

_____

_____

**2.** Converse com os colegas sobre o que responderam no item **c** da atividade anterior. Justifiquem a resposta.

**Aprendemos que as pessoas se unem para fazer o bem.**

Há muitas pessoas que se juntam para ajudar aquelas que mais necessitam. Outras unem forças e formam organizações não governamentais (ONGs) para ajudar voluntariamente um grupo de pessoas.

**3.** Em dupla, pensem em um grupo de pessoas que vocês gostariam de ajudar e criem uma ONG com essa finalidade. Por exemplo: crianças, idosos, pessoas que precisam de ajuda no bairro da escola, etc.

Nome da ONG: _____

- Qual é o público-alvo das atividades da ONG?
_____
_____

- Qual é a missão da ONG? (o motivo da sua existência)
_____
_____

- Que atividades a ONG vai realizar com as pessoas?
_____
_____
_____

- Qual será o logotipo da organização? Desenhe-o no espaço abaixo.
**Logotipo:** Símbolo que identifica a ONG.

**4.** Apresentem a proposta da ONG à turma.

**5.** Em casa, mostre à sua família a ONG que você e o colega de dupla criaram.

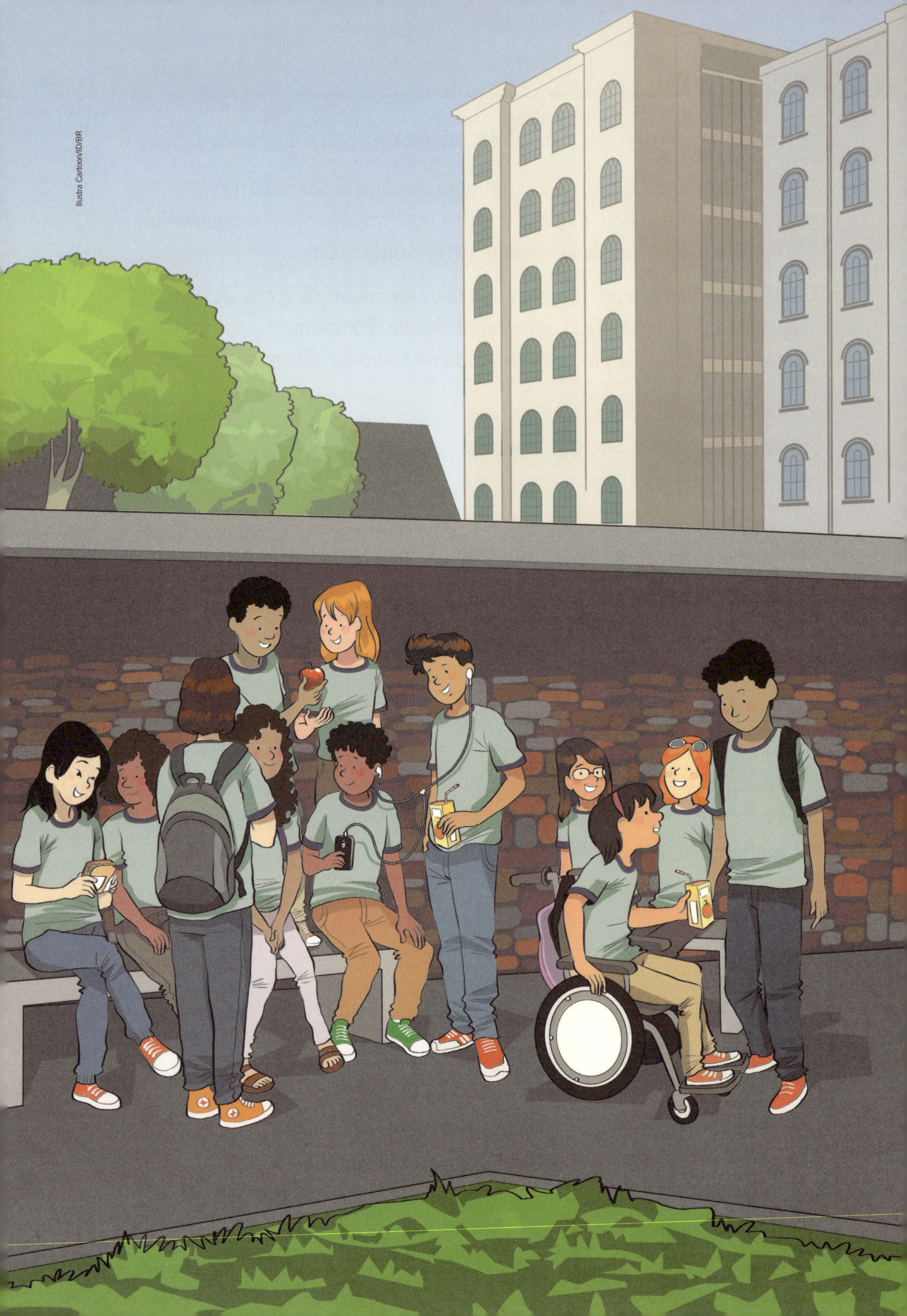
Ilustra Cartoon/ID/BR

# 6 Escolhemos a amizade

A amizade é uma das melhores experiências de convivência entre as pessoas. Encontrar amigos é sempre uma grande alegria. O que faríamos sem eles?

## Para refletir e conversar

- Observe a cena ao lado. Onde as crianças estão?
- Você acha que as crianças representadas são amigas? Por quê?
- Como você imagina que as crianças da cena estão se sentindo?

**1** Escolha cinco amigas ou amigos e complete a tabela com as informações sobre eles.

| Nome | O que você gosta de fazer junto com eles? | Como você se sente quando está com eles? |
|---|---|---|
|  |  |  |
|  |  |  |
|  |  |  |
|  |  |  |
|  |  |  |

**2** Qual a importância dos seus amigos em seu dia a dia?

# LENDO A BÍBLIA

Jesus e os 12 amigos.

**1.** Jesus escolheu um grupo de 12 amigos aos quais chamou de apóstolos.
Os apóstolos responderam ao chamado de Jesus, compartilharam o que tinham com Ele e estavam sempre unidos.

*Sigam-me!*

**2.** Jesus ensinava aos apóstolos o amor a Deus e ao próximo. Entre eles, Jesus escolheu Pedro para liderar o grupo.

*Pedro, você é a pedra sobre a qual vou construir a minha Igreja.*

*Eu, Senhor?*

**3.** Os apóstolos ficaram muito tristes com a morte de Jesus. Mas foram testemunhas da ressurreição Dele e a anunciaram por todo o mundo, como Jesus pediu.
Jesus prometeu aos apóstolos que nunca abandonaria seus amigos.

*Sigam pelo mundo inteiro, anunciem o Evangelho e batizem as pessoas.*

**4.** Então, no dia de Pentecostes, os apóstolos receberam o Espírito Santo.

**5.** A partir desse dia, eles começaram a dar testemunho de Jesus.

Ilustrações: Javier Andrada/ID/BR

**6** Os apóstolos anunciavam as boas-novas de Jesus e convidavam as pessoas a serem batizadas. Assim foi se formando a comunidade cristã.

*Eu te batizo em nome do Pai, do Filho e do Espírito Santo.*

**7** Os cristãos compartilhavam o que tinham e viviam unidos na fé em Jesus. Eles se reuniam nas casas para ouvir os ensinamentos dos apóstolos, orar juntos e celebrar a ceia.

Os apóstolos escolhidos por Cristo levaram adiante a missão para a qual Jesus os havia chamado: a implantação da primeira comunidade cristã, a Igreja.

## Para refletir e conversar

- Quem eram os apóstolos?
- Qual apóstolo Jesus escolheu para liderar o grupo?
- O que Jesus pediu aos apóstolos?
- Como se formou a comunidade cristã?

- Como viviam os primeiros cristãos? O que faziam? Complete o quadro.

| Os primeiros cristãos... |
|---|
|  |
|  |
|  |
|  |
|  |

# COMPREENDENDO O MUNDO

Quando as pessoas estão unidas por um bem comum, elas somam forças. Em comunidade, podemos ajudar uns aos outros.

### A comunidade cristã

Os cristãos se unem para viver a fé. Todos os cristãos do mundo fazem parte de uma grande comunidade chamada **Igreja**. Os cristãos católicos integram a Igreja Católica, dirigida pelo Papa.

A Igreja cumpre a missão que Jesus deu aos apóstolos: propagar as boas-novas e o amor de Deus. Essa missão é responsabilidade de todos os cristãos.

Os cristãos católicos de determinado lugar se reúnem em comunidades chamadas **paróquias**.

### Como uma pessoa pode fazer parte da Igreja Católica?

Todas as pessoas podem pertencer à Igreja Católica pelo Batismo.

Dentro da Igreja, as pessoas podem integrar 3 diferentes grupos:

Sacerdotes em missa na Basílica Papal de São Paulo Extramuros, em Roma, na Itália.

- **os leigos:** vivem como discípulos de Jesus, são a maioria dos cristãos. Participam da Eucaristia e da Catequese, atendem aos necessitados, entre outras atividades;

- **os sacerdotes:** homens cristãos aos quais a Igreja dá a missão de pregar a Palavra de Deus e realizar o culto divino. Entre eles estão os padres, os bispos, os cardeais e o Papa;

- **as religiosas e os religiosos:** mulheres e homens que renunciam a tudo para seguir Jesus. Compartilham o que têm e vivem em comunidade, com simplicidade e humildade. Entre eles estão as freiras, os monges e os frades.

### Para refletir e conversar

- Quais os grupos de cristãos que integram a Igreja Católica?
- Como é chamada a comunidade onde os cristãos de determinado lugar se reúnem?

**1.** Quais membros da Igreja Católica aparecem representados nas imagens abaixo?

_____     _____

_____

**2. Paróquia** é a comunidade formada pelos cristãos católicos de um mesmo lugar, e é atendida por um sacerdote. Com a ajuda de seus familiares, pesquise sobre a paróquia que você frequenta ou a paróquia do bairro em que você mora. Em uma folha à parte, reproduza a ficha abaixo e leve-a para a classe em um dia combinado com o(a) professor(a).

> Nome da paróquia: _____
>
> Nome do sacerdote responsável por ela: _____
>
> Atividades que realiza: _____
>
> • Faça um desenho ou cole uma fotografia da paróquia de sua comunidade.

## APRENDENDO UNS COM OS OUTROS

O **ecumenismo** é um movimento favorável à união de todas as igrejas cristãs.

A vontade de Jesus era que todos seus seguidores formassem uma única comunidade, mas eles não permaneceram unidos. Ao longo dos anos, surgiram divisões e separações na comunidade cristã.

Como consequência, há atualmente três grandes famílias cristãs: a católica, a ortodoxa e a evangélica ou reformada.

Missa em paróquia católica em Tóquio, no Japão.

Missa em igreja católica ortodoxa em Gaza, na Palestina.

Culto em igreja evangélica no município de São Paulo.

Então, no início do século XX, para tentar recuperar a unidade cristã, surgiu o movimento ecumênico, que propõe a união de todas as pessoas que compartilham a fé em Jesus.

- Em sua opinião, o movimento ecumênico é importante? Por quê?

# RECORDANDO

- As pessoas se unem para se ajudar e se proteger.
- Os cristãos fazem parte de uma grande comunidade universal chamada Igreja.

**1.** Você já viu esta cena na seção *Lendo a Bíblia* (página 71). Observe-a novamente e responda:

- O que os cristãos estão fazendo na cena?

_____
_____
_____
_____
_____

**2.** Marque com **X** as respostas corretas.

**a)** Os cristãos católicos pertencem à Igreja Católica:

☐ por somente amar ao próximo.

☐ por crer em Jesus e pelo batismo.

☐ por rezar todos os dias.

**b)** Os membros da Igreja são os:

☐ leigos, sacerdotes e religiosos e religiosas.

☐ sacerdotes.

☐ leigos e o Papa.

**c)** Os leigos:

☐ são maioria e vivem como discípulos de Jesus.

☐ administram todos os sacramentos.

☐ são minoria e vivem como discípulos de Jesus.

# APRENDENDO MAIS

## Unidos somos mais fortes

Cada vez mais pessoas, organizações e países descobrem a importância da cooperação. Quando estamos unidos, encontramos soluções para os problemas e somamos forças para lutar pelo bem-estar de todos. Veja alguns exemplos.

A **Grande Muralha Verde da África** é o nome de um projeto que visa minimizar os efeitos da mudança climática na África.

Desde 2007, milhões de árvores têm sido plantadas para formar uma muralha que vai cruzar a África de leste a oeste. O objetivo é frear o avanço da areia do deserto sobre as terras de cultivo das comunidades que vivem nesses territórios. As terras que se recuperam podem ser usadas para produzir alimentos, evitando a fome nesses locais.

Um dos países mais envolvidos nesse projeto é o Senegal, que já plantou em seu território mais de 11 milhões de árvores.

Mulher e crianças sudanesas plantando mudas de árvores para colaborar com a Grande Muralha Verde da África.

O **Dia Mundial de Oração e Ação pela Criança** é uma iniciativa promovida pela Rede Global de Religiões desde 2008. Celebrado no dia 20 de novembro, o projeto alerta as pessoas sobre os direitos das crianças e dos adolescentes e discute soluções para os problemas que afetam a infância.

No dia da celebração, adultos e crianças de várias religiões se encontram para louvar a vida, realizar orações pelas crianças do mundo e refletir sobre as formas de garantir a proteção e o bem-estar infantil.

Crianças cristãs e muçulmanas em evento no Dia Mundial de Oração e Ação pela Criança, em Amã, na Jordânia.

O **Fórum Social Mundial** é um grande evento que reúne pessoas de grupos e organizações sociais para discutir soluções para os diferentes problemas do mundo, como a pobreza e o desrespeito aos direitos humanos. O fórum já aconteceu em países como Índia, Quênia e Senegal. O primeiro Fórum foi realizado em 2001, na cidade de Porto Alegre, capital do estado do Rio Grande do Sul. O mais recente, em 2017, aconteceu novamente em Porto Alegre, e tratou de temas como a paz e o direito dos povos.

**1.** Os projetos descritos nesta página poderiam ser executados sem a cooperação de muitas pessoas? Por quê? Converse com os colegas.

**2.** Em sua opinião, você e os colegas da escola poderiam se juntar para ajudar em alguma situação na escola ou no bairro?

# VIVENDO O QUE APRENDEMOS

**Aprendemos a cultivar o respeito pelas pessoas de todas as religiões.**

1. Com base nas dicas, descubra as palavras-chaves e complete a cruzadinha.

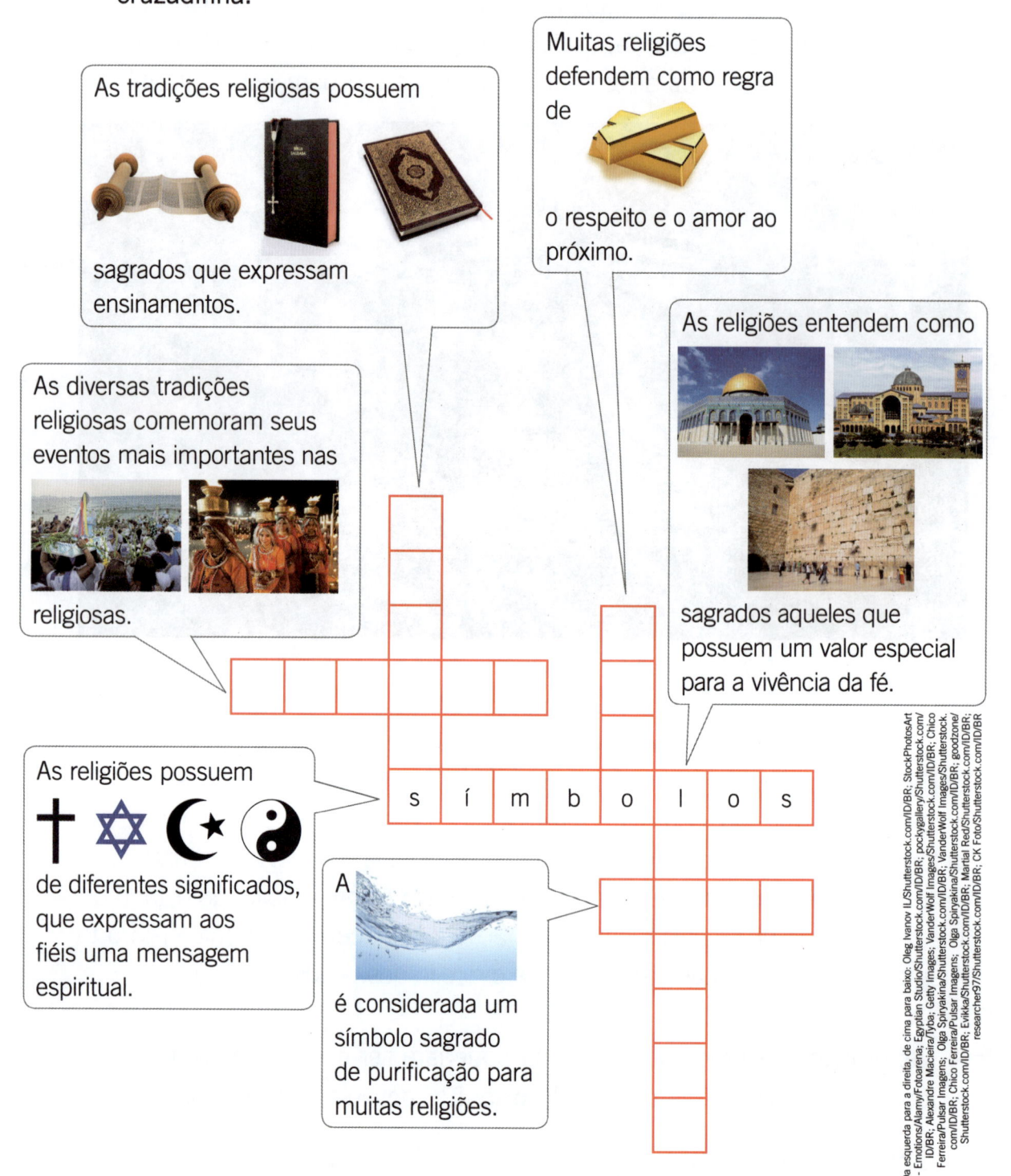

- As tradições religiosas possuem ____ sagrados que expressam ensinamentos.
- Muitas religiões defendem como regra de ____ o respeito e o amor ao próximo.
- As diversas tradições religiosas comemoram seus eventos mais importantes nas ____ religiosas.
- As religiões entendem como ____ sagrados aqueles que possuem um valor especial para a vivência da fé.
- As religiões possuem **símbolos** de diferentes significados, que expressam aos fiéis uma mensagem espiritual.
- A ____ é considerada um símbolo sagrado de purificação para muitas religiões.

**Aprendemos que respeitar as religiões é cooperar para o bem.**

**2.** Imagine que você foi escolhido para discursar na abertura de um encontro inter-religioso chamado **Pela Amizade e Paz no Mundo e entre as Religiões**.

- Em seu discurso, o que você falaria sobre o respeito às diversas religiões?

Autoridades, líderes religiosos, senhoras e senhores do Brasil, _____
_____
_____
_____
_____
_____
_____
_____
_____
_____
_____
_____
_____
_____
_____
_____
_____
_____

**3.** Em dupla, conversem sobre a importância do respeito entre as pessoas de todas as religiões.

# ATIVIDADES COMPLEMENTARES

## Unidade 1

### Filtro dos sonhos.

O povo indígena Ojibwa, que vivia na América do Norte, acreditava que, durante a noite, o ar se enchia de sonhos que traziam mensagens sobre a natureza, o Universo e a vida. Para filtrar os sonhos bons e manter os sonhos ruins afastados, os Ojibwa penduravam perto do lugar onde dormiam um **filtro dos sonhos**.

Siga o passo a passo e crie um filtro dos sonhos para você.

### Você vai precisar de:

- uma argola de madeira (ou bastidor de crochê) com 12 cm de diâmetro
- cordão de lã (ou barbante) com 120 cm de comprimento
- fitas coloridas de vários tamanhos
- miçangas e penas

**Passo 1:** Amarre o cordão de lã na ponta da argola.

**Passo 2:** Leve o cordão de lã até o outro lado da argola, dando uma volta.

**Passo 3:** Leve-o para o outro lado e dê outra volta.

**Passo 4:** Repita o passo 3 até a argola ficar toda trançada. Amarre bem a última ponta.

**Passo 5:** Crie penduricalhos como preferir, usando as fitas, miçangas e penas. Amarre-os na argola.

**Passo 6:** Amarre um pedaço de fita ou barbante na argola, para pendurar o filtro dos sonhos onde quiser.

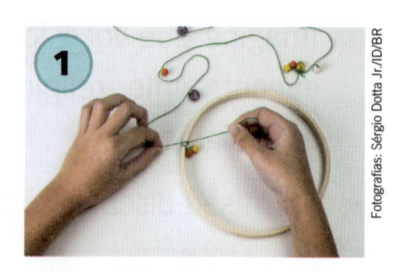

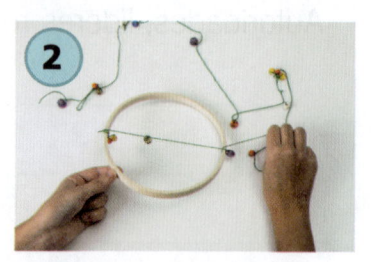

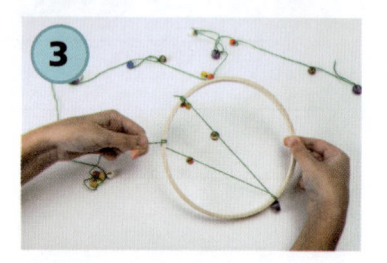

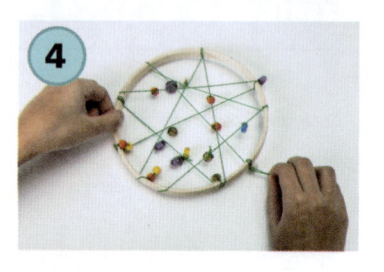

## Unidade 2
### Frases que expressam a fé.

**1.** Resolva os enigmas e descubra algumas frases populares religiosas.

a) 🕺 – STA + 🦤 – A + **Deus** + E + 🦶 + 👃 – RIZ + 🪵.

b) POU + ❤️ – RAÇÃO + 🧺 – IDA + **Deus** + É + 🌍 – NDO + I + 🐃 – URO.

c) VÁ + ☄️ – ETA + **Deus**.

**2.** Você já conhecia as frases da atividade 1? Em casa, pergunte a seus familiares se eles já falaram alguma delas a alguém.

- Você e seus familiares conhecem outras frases que expressam fé? Quais?

# ATIVIDADES COMPLEMENTARES

## Unidade 3

**Devemos agir com amor.**

- As imagens abaixo são símbolos dos Guarani, usados para pintura corporal. Substitua os símbolos por letras e descubra uma frase de Paulo Freire, que foi um grande educador brasileiro.

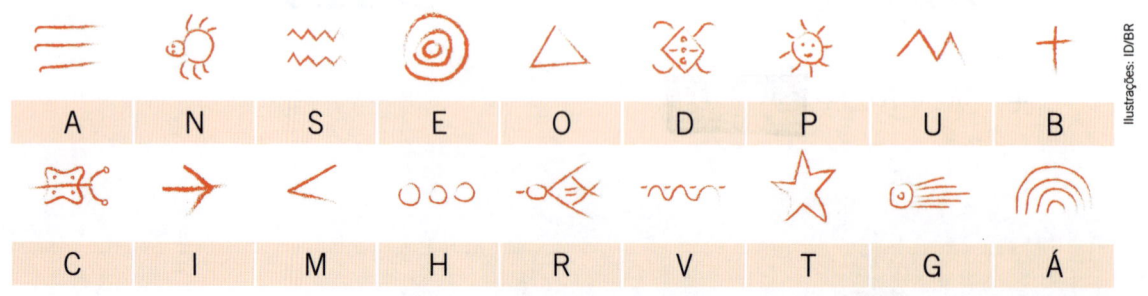

| A | N | S | E | O | D | P | U | B |
|---|---|---|---|---|---|---|---|---|
| C | I | M | H | R | V | T | G | Á |

PARANÁ. Secretaria de Estado de Educação. Superintendência da Educação. Departamento da Diversidade. Coordenação Escolar Indígena. SEED-PR, 2010.

**"Eu gostaria de ser lembrado como alguém que amou**

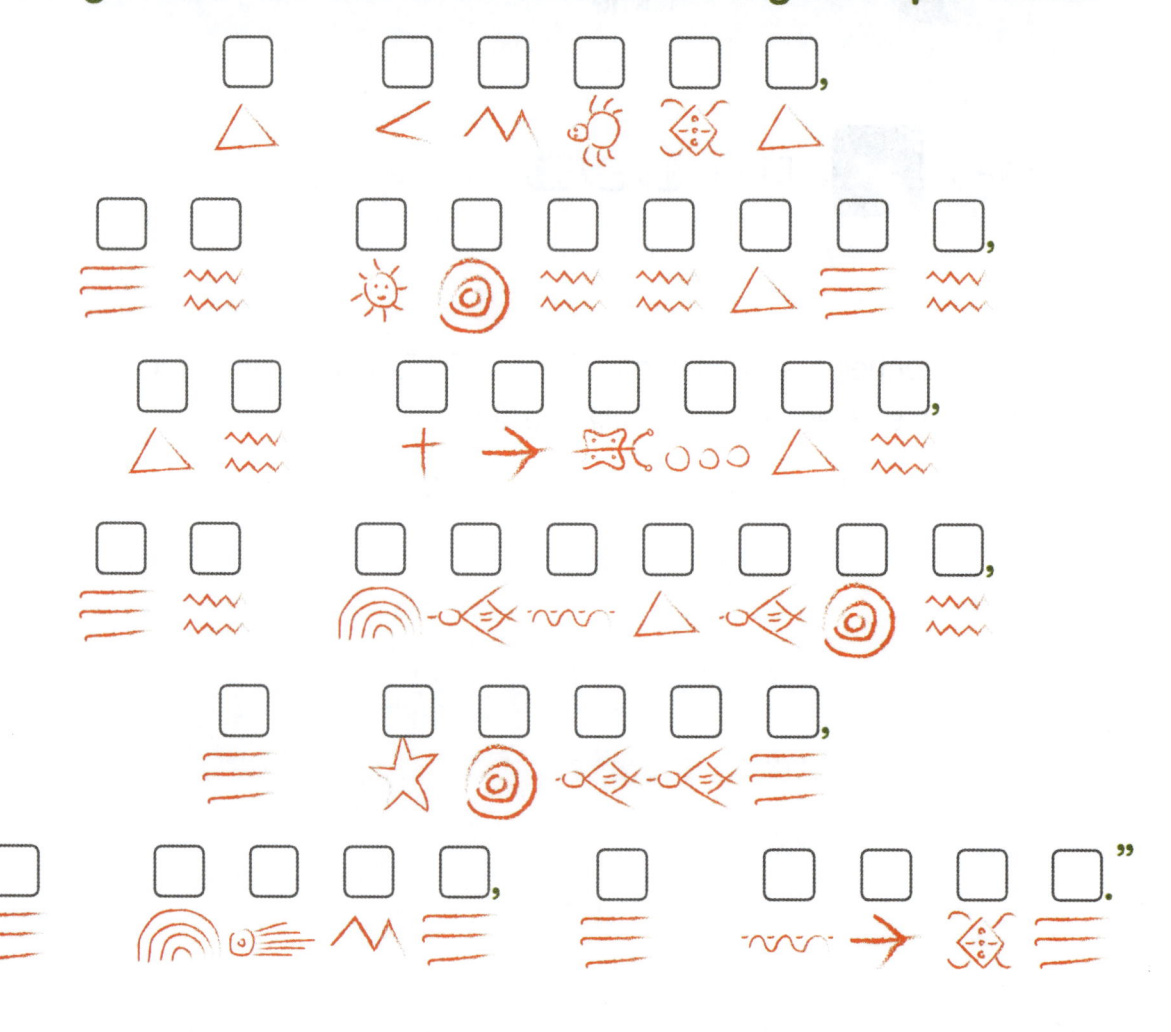

☐ ☐ ☐ ☐ ☐,

☐ ☐ ☐ ☐ ☐ ☐ ☐ ☐,

☐ ☐ ☐ ☐ ☐ ☐ ☐,

☐ ☐ ☐ ☐ ☐ ☐ ☐,

☐ ☐ ☐ ☐ ☐,

☐ ☐ ☐ ☐, ☐ ☐ ☐ ☐."

82

# Unidade 4
## Pequenas atitudes ajudam a construir um mundo melhor.

**1.** Em grupos com quatro ou cinco integrantes, organizem um telejornal com informações do cotidiano da escola, do bairro ou da cidade.

Sigam o passo a passo.

- No caderno, façam uma lista de temas que consideram importantes para a escola, o bairro ou a cidade. Pensem em situações que precisam ser melhoradas ou problemas que precisam ser resolvidos. Então, escolham um tema para ser noticiado.

  Exemplo de tema para notícia:

  > Na escola, quando acaba o intervalo, muitos alunos deixam restos de comida nas mesas e jogam papéis no chão.

- Após escolher o tema, escrevam a notícia.

  Exemplo de notícia:

  > Muitos alunos têm deixado restos de comida e papéis jogados no chão da escola após o intervalo. O local acaba ficando muito sujo e desorganizado.

- Ensaiem a apresentação da notícia para a turma. Todos os integrantes do grupo devem participar.

- O telejornal será composto das notícias de todos os grupos da turma. Então, decidam com os colegas dos outros grupos e com o(a) professor(a) quando será a apresentação.

- Se for possível, as apresentações podem ser filmadas.

**2.** Após a apresentação do telejornal, pensem em medidas para solucionar os problemas noticiados no telejornal.

Exemplo de medidas para solucionar o problema noticiado:

> Colocar mais cestos de lixo no pátio da escola e espalhar cartazes alertando os alunos sobre a importância de deixar as mesas limpas após o intervalo.

# ATIVIDADES COMPLEMENTARES

## Unidade 5

**Queremos fazer o bem.**

**1.** A história em quadrinhos abaixo está incompleta.

   **a)** Continue a história como quiser, ilustrando os demais quadrinhos. O tema da história deve ser "fazendo o bem".

   **b)** Dê um título para a história.

   **c)** Em dupla, troquem de livro e leiam a história um do outro.

FIM

**2.** Em casa, compartilhe com sua família a história que você criou. Em uma folha à parte, crie mais dois quadrinhos para a história.

## Unidade 6
### Respeitar todas as pessoas nos traz felicidade.

No Brasil, desde 2007, 21 de janeiro é considerado o **Dia Nacional de Combate à Intolerância Religiosa**. A data rememora o dia do falecimento de Mãe Gilda, mãe de santo de um terreiro em Salvador, na Bahia, que foi vítima de intolerância religiosa por ser praticante de uma religião de origem africana.

Imagine que você tem a missão de elaborar um cartaz para divulgar o Dia Nacional de Combate à Intolerância Religiosa, que será comemorado no próximo ano.

**1.** No espaço abaixo, elabore o cartaz com desenhos, recortes ou como preferir.

> Lembre-se: O cartaz precisa conter um lema que promova o respeito à diversidade cultural e religiosa.

**2.** Mostre seu cartaz aos colegas de turma e veja os que eles criaram. Conversem sobre a mensagem que expressaram na produção dos cartazes.

**3.** Em casa, mostre seu cartaz a seus familiares e converse com eles sobre a intolerância religiosa e formas de combatê-la.

# JOGO

## Exemplos de Bem: Adivinhe Quem

No jogo **Exemplos de Bem: Adivinhe Quem**, você vai retomar personagens bíblicas ou não, citadas neste livro, que motivaram e continuam motivando muitas pessoas.

### O que você precisa para jogar
- dado
- 12 cartas (p. 89 e 91)

### Número de jogadores
2 jogadores

### Como jogar
- Depois de recortadas, as cartas com as fotos das personagens devem ser divididas igualmente entre os jogadores.
- Cada jogador joga o dado, e quem tirar o número maior começa a partida.
- Quem inicia receberá uma dica sobre qualquer uma das personagens das cartas do outro jogador (página 87).
- Se o jogador da vez acertar a personagem, ganha do parceiro a carta com a foto correspondente e a guarda para si. E terá também a vantagem de ouvir uma nova dica, sobre uma nova personagem.
- Se o jogador errar, passará a vez ao outro jogador e lerá a ele uma dica sobre uma personagem das suas cartas.
- Será vencedor o jogador que, ao final de seis rodadas, tiver em seu poder o maior número de cartas.

### Regras do jogo
- Cada jogador receberá apenas uma dica por jogada.
- Se ao final de seis rodadas os jogadores tiverem em mãos o mesmo número de cartas e ainda houver personagens que não tenham sido apresentadas, o jogo continuará até que todas as cartas tenham sido disputadas. Se o empate persistir, os dois jogadores serão declarados vencedores.

**1**
**Dica 1:** É judeu.
**Dica 2:** Foi conhecido como uma pessoa que fazia o bem a todos.
**Dica 3:** Anunciou o Reino de Deus e o amor ao próximo.

**2**
**Dica 1:** Líder religioso budista.
**Dica 2:** Promove a paz e tem denunciado a ocupação chinesa do Tibete.
**Dica 3:** Recebeu o Prêmio Nobel da Paz em 1989.

**3**
**Dica 1:** Brasileiro que trabalhou como seringueiro desde pequeno.
**Dica 2:** Lutou pela preservação da floresta e pelos direitos dos seringueiros.
**Dica 3:** Em 2013, o Congresso do Brasil o nomeou patrono do meio ambiente.

**4**
**Dica 1:** Cientista espanhol.
**Dica 2:** Procura uma vacina definitiva contra a malária.
**Dica 3:** Provou que uma solução barata pode salvar vidas.

**5**
**Dica 1:** Queria que as pessoas se lembrassem de seguir os mandamentos de Deus.
**Dica 2:** Profeta que anunciou a chegada do Salvador.
**Dica 3:** Denunciou as injustiças que as pessoas cometiam umas contra as outras.

**6**
**Dica 1:** Professora e bióloga. Nasceu no Quênia.
**Dica 2:** Criou o Movimento Cinturão Verde, protegendo as florestas e gerando empregos para as mulheres de seu país.
**Dica 3:** Recebeu o Prêmio Nobel da Paz em 2004.

**7**
**Dica 1:** Libertou o povo de Deus do Egito.
**Dica 2:** Levou o povo de Deus ao Monte Sinai.
**Dica 3:** Recebeu as tábuas com os Dez Mandamentos.

**8**
**Dica 1:** Escreveu a carta *Laudato si'*.
**Dica 2:** Católico, tem suas opiniões respeitadas por pessoas de várias religiões.
**Dica 3:** Denuncia os maus-tratos sofridos pelo planeta Terra.

**9**
**Dica 1:** Criou o projeto de moradia "Quinta Monroy".
**Dica 2:** Arquiteto chileno, recebeu o Prêmio Pritzker.
**Dica 3:** Criou casas que podem ser aumentadas de acordo com a necessidade dos moradores.

**10**
**Dica 1:** Primeiro arcebispo negro da Cidade do Cabo, na África do Sul.
**Dica 2:** Sacerdote da Igreja Anglicana.
**Dica 3:** Denunciou e combateu o racismo.

**11**
**Dica 1:** É considerado o primeiro judeu.
**Dica 2:** Foi o primeiro patriarca do povo de Israel.
**Dica 3:** É pai de Isaque.

**12**
**Dica 1:** Criou a Fundação Fé e Alegria.
**Dica 2:** Acreditava na educação como forma de ajudar as pessoas.
**Dica 3:** Padre chileno, criou uma instituição que hoje atende 1,5 milhão de pessoas em mais de 20 países.

# CONHEÇA MAIS

## LIVROS

*O príncipe feliz*, de Maisie Paradise Shearring. Tradução de Adilson Miguel. Edições SM.

Em uma cidade, há uma bonita estátua dourada de um príncipe feliz. Mas a estátua, na verdade, está infeliz diante das desigualdades que observa do alto de sua coluna. Eis que, um dia, chega uma andorinha, e desse inusitado encontro nasce uma tocante história de amor e solidariedade. Adaptação do conto homônimo de Oscar Wilde.

*O guarda-chuva verde*, de Yun Dong-jae. Tradução de Yun Jung Im. Edições SM.

Young-i vai a pé para a escola em uma manhã de chuva. No caminho, encontra um morador de rua que dorme sentado em meio ao temporal. Algumas crianças zombam dele, mas a menina se enternece e, em um gesto singelo, dá uma lição de solidariedade e afeto.

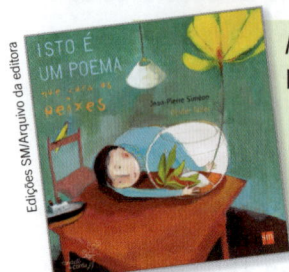

*Isto é um poema que cura os peixes*, de Jean-Pierre Siméon. Tradução de Ruy Proença. Edições SM.

Arthur tem um peixe chamado Léo. Certo dia, Arthur encontra o peixe muito quieto e deseja animá-lo. Então, oferece a ele um poema. Mas o que é um poema? Arthur pergunta a muitas pessoas, mas cada uma lhe dá uma explicação diferente. Com as respostas que recebe, ele descobre um mundo novo, feito de palavras, sons e rimas.

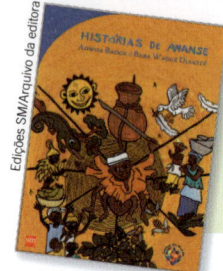

*Histórias de Ananse*, de Adwoa Badoe. Tradução de Marcelo Pen. Edições SM.

As histórias de Ananse, uma aranha que acha que é gente, são transmitidas oralmente em Gana, na África. Falam de costumes, tradição e respeito, mantendo-se vivas na memória do povo há muito tempo.

*Nina e Rosário*, de Aguinaldo Gonçalves. Edições SM.

Em um pacato viveiro de aves aparecem 12 ovos diferentes. Rosário, uma galinha, assume a tarefa de chocá-los. Apenas um ovo vinga, e dele nasce Nina, uma galinha-d'angola.

## RÁDIO

Rádio Vaticano. *Laudato si'*. Disponível em: <http://br.radiovaticana.va/news/tags/laudato-si-repam?p=2>. Acesso em: 25 ago. 2017.

Série de programas de rádio para crianças com o objetivo de discutir problemas ambientais e suas consequências para a vida no planeta.

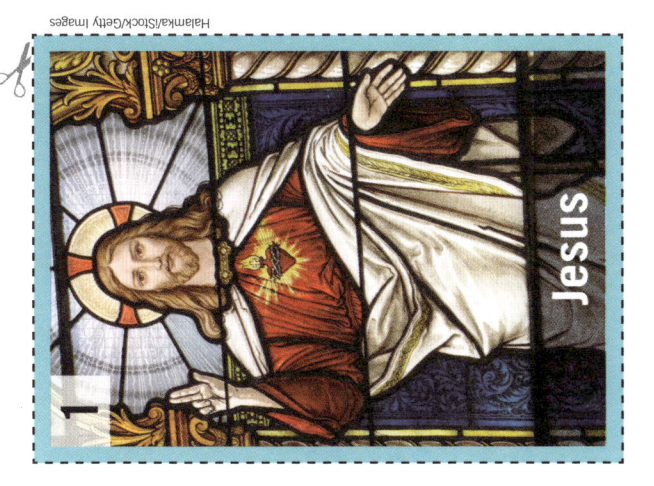

# RECORTÁVEIS

## Jogo
— Página 86

1. Jesus
2. Dalai Lama
3. Chico Mendes
4. Pedro Alonso
5. Isaías
6. Wangari Maathai

# RECORTÁVEIS

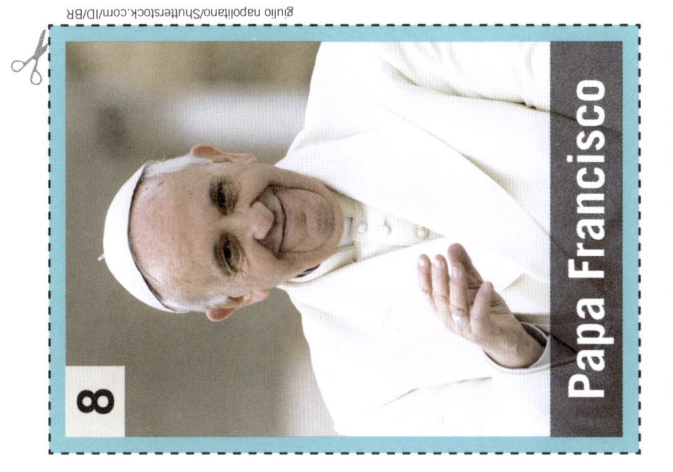

**7** Moisés
Nagel Photography/Shutterstock.com/ID/BR

**10** Desmond Tutu
Samir Hussein/WireImage/Getty Images

**8** Papa Francisco
giulio napolitano/Shutterstock.com/ID/BR

**11** Abraão
Peter J. Hatcher/Alamy/Fotoarena

**9** Alejandro Aravena
Ralph Orlowski/Getty Images

**12** José María Vélaz
Fundação Fé e Alegria/Acervo da cedente

91